어떤 꿈은
끝내
사라지지
않고

- 단행본은 『 』, 시는 「 」, 영화 및 드라마, 노래, 프로그램은 〈 〉로 표시했다.
- 의미에 따라 '발레 하다'와 '발레하다'로 구분하는 것이 맞으나 '발레를 배우다', '춤(발레)을 추다' 모두 '발레 하다'로 통일했다.

어떤 꿈은 끝내 사라지지 않고

오십에 발레를 시작하다

정희 지음

꿈꾸는인생

프롤로그

반백살,
발레를
시작했다

일주일에 한 번, 내 몸에만 집중한다. '츠읍 츠' 횡격막 호흡을 유지하며 엉덩이부터 발뒤꿈치까지 틈 없이 잠근다.

"목과 어깨는 멀리, 등 내리고 배는 세우세요."

선생님의 큐잉에 따라 골반을 바르게 정렬하고 등은 아래로 아래로, 가슴은 위로 위로 향해 선다. 한껏 힘을 주어 배를 집어넣어도 선생님은 나만 보면 "정희 씨, 배 쏟아지지 않게"라고 한다. 위나 장 중에 하나쯤 없는 것처럼 배가 납작한 선생님이 보시기에 내 배는 금방이라도 주워 담아야 할 무엇인가 보다. 하나의 몸을 상체와 하체, 앞판 뒤판으로 쪼개서 서로 다른 방향으로 움직여야 하는 발레. 비유가 좀 그렇지만 거의 능지처참 수준의 방향성이다.

매트 워밍업을 시작으로 바몸의 균형을 잡기 위해 붙잡는 수평봉 포지션을 거쳐 센터 운동으로 마무리하는 동안 호흡은 가빠지고 등과 이마는 촉촉하게 젖어든다. 음악에 맡긴 온몸이 열기로 차오르는 그 순간, 생각이란 건 끼어들 틈이 없다. 잠시라도 방심했다간 발끝과 손끝과 정수리가 여지없이 말한다.

"잡념 들어왔어요."

반백살, 발레를 시작했다.

계절이 변하듯 자연의 순리는 내게도 차곡차곡 쌓여 인생의 가을을 맞았다. 봄과 여름을 치열하게 살았으니 가을엔 그 열매를 누리기만 하면 될 줄 알았다. 그런데 막상 가을에 들어섰어도 변변한 열매는 손에 잡히지 않았다. 오래전 불혹不惑을 지났으나 여전히 작은 것에 흔들렸고, 하늘의 뜻을 깨닫는다는 지천명地天命에 이르렀지만 그 뜻을 깨닫기는커녕 내 마음 하나 제대로 알아차리지 못해 헤맸다. 그나마 나이 앞자리 숫자 바뀌는 건 제법 익숙해져서 무심히 찾아온 나이와 변화에 조용히 순응하면 그만이라 생각했다. 하지만 오십은 조용히 오지 않았다. 한 번의 교통사고와 또 한 번의 낙상사고가 3개월 간격으로 온몸을 흔들며 시끄럽게 찾아왔고, 그 후유증은 꽤 오래 나를 지배했다.

어제까지 잘되던 것이 갑자기 되지 않는 변화가 사고 탓에 성큼 다가왔다. 나이는 숫자에 불과하다며 큰소리 떵떵 치던 나는 사라지고 모든 것에 자신 없는 나만 남았다. 옛말 틀린 것 하나 없다더니 건강을 잃자 일도, 시간도, 일상의 생기도 술술 빠져나갔다. 그리고 그 자리에 무력감과 서운함과 가벼운 우울이 빠르게 자리 잡았다. 그 감정에 잠식당한 순간부터 삶을 가꾸는 어떤 시도도 무의미해졌다. 아프지나 않으면 좋겠다는, 그냥 살던 대로 살면 그만이란 소극적인 권태 속에 제 발로 들어가 웅크리고 앉았다.

그 체념은 일견 편한 구석이 있어서 애쓸 필요 없는 일상 속에 나를 내버려 둘 수 있었다. 나에게 이름 붙여진 역할과 의무에서 한 걸음 떨어져, 하고 싶으면 하고 하기 싫으면 하지 않는 원초적인 욕구에 충실한 시간을 가졌다. 그렇게 마음 가는 대로 한동안 지냈다. 그러다 문득 알게 되었다. 나는 달라지고 싶었다. 스스로를 하찮게 여긴 나, 그래서 돌보지 못한 나, 자신에게 완고하고 인색한 나, 다른 이에게 인정받기 위해 아등바등 살던 나, 습관처럼 나 자신과 타인을 평가하고 재단하던 나, 미련을 버리지 못하면서도 원하는 것에 뛰어들 용기도 없는 나, 기울어진 관계에 연연했던 나. 이제는 더 이상 그러고 싶지 않았다.

마음은 앞서나갔지만 무엇부터 바꾸어야 할지 갈피를

잡을 수 없었다. 나는 원래 어떤 사람이었는지, 내가 좋아하는 게 무언지 까맣게 잊은 듯했다. 나의 처음으로 돌아가고 싶었다. 그래야 했다. 마음이 부르는 쪽으로, 지금 내가 할 수 있는 것을 찾아, 무엇보다 나를 행복하게 만드는 작은 것에 귀 기울였다. 그 '무모한 시작'의 처음이 발레였다.

그 시작을 이곳에 풀어놓는다. 막상 해 보니 발레는 영 호락호락하지 않아서 수업 때마다 곡소리를 뽑아내고, 제자리를 맴도는 실력 때문에 센터 워크 후엔 부끄러움이 끝없이 밀려온다. 그럴 때면 이 나이에 왜 이 고생을 하고 있나 하는 생각이 불쑥 올라오기도 한다. 그런데 참 이상한 일이다. 다음 수업이 기다려지고 그 시간이 되면 아무렇지 않은 얼굴로 레오타드를 챙겨 입는 나를 발견하니 말이다. 좋아하는 마음은 힘듦쯤은 거뜬히 이기고야 만다는 걸 발레를 통해 실감한다.

함께 추자는 권유는 아니다. 나는 다만 각자의 열망에 대해 말하고 싶다. 어느 순간 차게 식어 버린 열망을 들여다보자고, 희미하게 남은 열망의 잔불에 부채질 한번 하자며 옆구리를 슬쩍 찔러 보고 싶은 것이다. 달라지니까. 일상과 생각이 달라지고 선 자리와 시선이 달라진다. 무엇보다 열망은 지극히 개인적이어서 그걸 알아채는 것만으로 '나'에 더 가까워진다.

당신이 인생의 어느 계절에 있든, 모든 시도는 충분히 가능하다는 격려로 이 책이 가닿길 바란다. 숨어 있던 열망의 퍼덕거림을 함께 느껴 보면 좋겠다. 나의 '무모한 시작'이 당신의 마음에 작은 파동을 일으킨다면 더할 나위 없을 것이다.

차례

에필로그

진심은 언제나 불쑥 나올
준비가 되어 있다.

돌봄은 self

2년 전, 시가 2층 계단에서 미끄러졌다. 계단 모서리에 엉덩방아를 찧고 남은 계단을 엉덩이로 내려왔다. 쿵쿵쿵. 엄청난 하중이 쏠린 엉덩이로 극심한 통증이 몰려왔다. 뭘 어떻게 할 수도 없게 아파서 정체를 알 수 없는 괴성만 질러댔다. 갓 잡아 올린 물고기처럼 퍼덕이며 바닥을 굴렀지만 창피함은 끼어들 새가 없었다. 곧이어 엉덩이 주변 근육이 확 풀리는 느낌이 들더니 다리가 어디로 도망간 듯 감각이 사라졌다. 덜컥 겁이 났다. 어깨를 들썩이며 우는 내 얼굴 위로 가족들의 놀란 눈이 총총 떠올랐다. 좀처럼 다리에 힘이 들어가지 않아서 한참을 그 자리에 엎드린 채 있어야 했다. 잠시 후 시어머니의 지휘 아래 엉덩이 계곡엔 뜨거운 파스가 자리 잡았다. 추석 당일 아침이었다.

하지만 나는 바로 병원에 가지 못했다. 연휴라서 문을 연 병원을 찾기 어려웠고, 덜컹거리는 차를 오래 타는 건 물론이고 차까지 걸어가는 것조차 무리였다. 게다가 그해 추석에는 연휴 내내 시댁 행사가 이어진 바람에 다들 눈코 뜰 새 없이 바빴다. 결국 그 상태로 꼬박 사흘을 보내야 했다. 생전 처음 느껴 보는 생경한 통증이었지만 갑작스러운 충격에 근육과 뼈가 좀 놀란 거라 애써 짐작했다. 밤이면 통증이 더 몰려와 밤새 앓았다. 그래도 새 아침을 맞으면 곧 집에 갈 수 있다는 생각으로 힘을 냈다.

며느리로서의 명절 미션을 끝내고 연휴를 다 보내고서야 무사히(?) 집에 도착했다. 긴장이 풀린 탓인지 걷잡을 수 없는 통증이 다시 밀려왔다. 다음 날, 정형외과에서 꼬리뼈 골절 진단을 받았다. 그랬구나. 그래서 그렇게 아팠던 거구

나. '골절'이라는 말을 듣자마자 단전에서부터 온갖 감정이 솟구쳤다. 사흘을 미련하게 참은 것에 대한 자책감과 날 내버려 둔 가까운 이에 대한 서운함이 앞다투어 튀어나왔다. 무엇보다 공허했다. 그 감정은 내 일상을 지배하며 마음에 생각지 못한 무늬를 남겼다. 혼자 끙끙 앓던 낮과 밤의 기억들이 밀물처럼 몰려와 검푸른 감정의 파도 위에서 멀미가 났다.

"피는 뽑으면 다시 생기고 살도 다시 붙는데 뼈는 더 이상 자라지 않는 나이"◎라는 최정화 작가의 글처럼 오십에 맞닥뜨린 골절은 쉽사리 낫지 않았다. 3개월이면 큰 통증은 멈출 거라는 의사의 진단과 달리 묵직한 통증이 좀처럼 가시지 않았고 허리, 어깨에서 새로운 통증이 잇따랐다. 걷기는커녕 제대로 앉지도, 눕지도 못하는 날이 오래 이어졌다. 외출은 꿈도 꿀 수 없어서 하던 일도 잠시 쉬어야 했다. 종일 통증을 견디며 뼈가 붙길 바라는 것이 할 수 있는 전부였다. 그 시간은 마음에도 균열을 만들었다.

◎ 최정화, 일이, 『같이의 세계』(니들북, 2022)

인생의 가을까지 최선을 다해 달려왔다. 내 일을 찾고 꾸려 가면서도 가족 안에서 요구되는 역할과 의무를 외면하지 않고 해냈다. 하지만 사고 후 이어진 가까운 이들의 대처와 반응 속에서 납작해진 나의 자리를 보고 말았다. 가정 안에서의 관계, 주어진 의무와 이름뿐인 권리를 하나하나 짚는 동안 모든 것에 실패했다는 감각을 지울 수 없었다. 나를 돌보기 위해 악착같이 애를 써야 하는 것이 얼마나 슬픈 일인지 그때 알았다. 평소라면 무심히 넘길 말들이 뾰족하게 마음에 와서 꽂혔다. 불운 앞에서만 볼 수 있는 내 얼굴이 매일 낯설게 다가왔다.

시간이 가면서 감정은 조금씩 희미해졌지만 어떤 것은 깊게 가라앉아 나를 붙잡았다. 그러다 문득 한 가지를 깨달았다. 내가 나를 방치했다는 사실이었다. 심상찮은 통증을 느끼면서도 병원에 가겠다고 힘주어 말하지 않았다. 좀 있어 보자는 말에 못 이기는 척 따랐다. 애써 괜찮은 척하며 온 가족이 모인 명절 분위기를 해칠까 봐 숨죽여 앓았다.

나를 돌보지 못했다는 자책감, 그것은 의외의 감정이었

다. 내 욕구에 제법 귀 기울이며 산다고 여겨 왔기 때문이다. 다른 이에게 피해 주지 않는 선에서 나의 방식으로 삶을 실현하고 있다는 은은한 자부심도 있었다. 그래서 응급상황에서 드러난 스스로에 대한 방관은 더 큰 실망을 남겼다. 나도 알지 못하는 사이, 가족이 원하는 대로 따르는 쪽이 마음 편해졌고 그들에게서 받는 칭찬과 인정에 매달리는 사람이 되어 간 걸 알게 됐다. 어느 순간 나의 안부를 묻는 스스로의 목소리는 잦아들었다. 그러다 보니 정작 목소리를 내야 될 때조차 좀처럼 말하지 못하고 안으로 숨어들었다. 나의 작은 목소리를 내가 먼저 무시한 채 타인의 기대에 맞추며 살았고, 그것이 반복되어 나의 마음을 들여다보지 못하는 '지금의 나'가 되어 버렸다. 많이 아프다고, 병원에 좀 가야겠다고 왜 말하지 못했나. 짐짓 괜찮은 척했던 나는 대체 누구였을까.

결국 남일 수밖에 없는 누군가에게 나의 안위를 맡기고는 서운해했다. 이것은 순진한 믿음인가 어리석음인가. 몸의 중심이 무너지자 마음도 갈피를 잡지 못하고 흔들렸다.

> 누군가를 돌볼 때에는 어느 정도 이기적이어야 이타적이 될 수 있다. 결국 이기심과 이타심은 동전의 양면과 같다. 내가 편하기 위해서 남을 배려하지 않는 이기심이 아니라 스스로를 돌볼 수 있고 스스로 평온함을 찾을 수 있는 이기심은 필요하다는 말이다. 우리는 누군가의 보호자이기도 하고 누군가를 돌봐야 하는 사람이기도 하지만 그에 앞서서 나 자신을 보살펴야 하는 스스로의 보호자기도 하기 때문이다.
>
> _김범석, 『어떤 죽음이 삶에게 말했다』, p.210~211(흐름출판, 2021)

이 단순한 진리를 잊고 살았다. 나를 위한 '이기심'은 욕심이 아니었다. 이기심 뒤에 어김없이 뒤따르던 죄책감도 당연한 것이 아니었다. 뼈아픈 경험을 그저 아픈 기억으로 흘려보낼 순 없었다. 나를 잃어버린 시간만큼 어떤 의미를 남겨야 했다. 그래야 덜 억울할 것 같았다. 불운의 사고를 나와의 관계를 다시 세우고 회복하는 기회로 삼고 싶었다.

잠시 타인의 시선에서 빠져나오기로 했다. 더 이상 남의 인정을 갈구하며 전전긍긍하지 않기로 한 것이다. 그보다는 스스로에게 인정받고자 했다. 절대 헤어질 수 없고 평생 함께 살아야 하는 존재는 그 누구도 아닌 바로 '나 자신'이기 때문이다. 꼬리뼈 골절이 쏘아 올린 작은 공은 나와의 새로운 관계를 예고한 신호탄이 되었다. 돌봄은 self. 서운해할 시간에 내가 나를 보살피기로 했다. 다행히 기회는 아직 남아 있었다.

난데없이 발레

어느 인생에나 슬럼프와 고난은 찾아온다. 그 무게와 체감의 정도는 저마다 다르지만 예외는 없다. 나에게는 두 번의 사고가 그것이었다. 6월엔 자동차 추돌사고로 입원하고, 9월엔 낙상사고로 꼬리뼈가 골절됐다. 한 해에 연거푸 일어난 사고는 긴 침잠의 시간을 가져왔다.

통증과 함께 맞이한 아침은 우울했고, 내 몸 어디에서 시작된 건지 알 수 없는 열기가 온몸으로 퍼져 두피까지 뜨거워졌다. 말로만 듣던 갱년기였다. 안 좋은 몸의 신호는 왜 항상

한꺼번에 찾아오는지. 띄엄띄엄 이어지던 월경도 '이때다' 하며 소식을 끊었다. 신체는 너무 정직해서 50대에 들어서자 먼 이야기 같던 증상들이 빠짐없이 찾아왔다. 동년배에 비해 아직은 건강하다고 자부하던 시간이 까마득했다. 나이는 숫자에 불과한 것이 아니었다. 이 통증도 끝이 있으리란 기대가 차오르다가도 이젠 기울어질 일만, 낡아 가는 일만 남았다는 생각에 다시 서글프고 조급해졌다.

아픈 짐승이 동굴에 들어가 낫기를 기다리듯 외로운 시간과 공간 속에 나를 내려놓았다. 그곳에서 '왜'로 시작하는 질문을 수없이 만났다. 끊임없이 질문이 이어질 때면 생각을 멈추고 대답을 잠시 미뤘다. 감정이 끼어든 이상 어떤 판단도 현실을 제대로 보는 데 도움이 되지 못한다고 생각했다. 내 안으로 들어가 문을 닫아걸고 오로지 나만 바라보는 시간을 가졌다. 나를 내리누르는 마음에 지고 싶지 않아서 가라앉는 마음을 끌어올리려 안간힘을 썼다. 그때 김연수 작가의 문장을 만났다.

> 번데기가 허물을 벗듯이, 새가 알을 깨듯이 우리는 자폐의 공간을 거쳐 새로운 세계 속에 정착한다. 그 공허함을 견디지 못하면 결국 자폐의 공간에서 빠져나오지 못하게 된다.
>
> _김연수, 『청춘의 문장들』(개정판), p.109~110(마음산책, 2022)

나 역시 그 공간에서 납작 엎드려 이 시간이 지나기만을 기다렸다. 오늘의 통증과 나이 듦에 쏠린 시선을 남아 있는 다행에 집중하려 애썼다. 어두운 터널을 지나는 지금의 해법이었다. 그 시간 속에서 나 스스로에게 정직하고 싶었다. 지금 원하는 것과 시시각각 변하는 감정을 어느 때보다 깊숙이 응시했다. 침잠의 시간 속에서 싹도 틔우지 못한 마음의 씨앗을 찾기 원했고, 알아채는 순간 솔직하게 반응하고 싶었다. 그것은 연습이 필요한 일이었다. 시들어 가는 몸에서 벗어나려면 새롭게 몰두할 무언가가 필요했다.

뼈가 붙고 통증이 사라진 후에 하고 싶은 일들을 일부러 자주 떠올렸다. 버려진 것 같은 지금의 시간을 보상하듯 다가

오는 시간은 좋아하는 것으로 채워 나가리라 마음먹자 생각 하나가 머릿속에 반짝 스쳤다. 너무 오래되어 나조차 잊은, 꽁꽁 숨어 있던 어린 날의 기억이었다. 그렇게 수면 위로 떠올라 부유하는 꿈 조각 하나를 집어 올렸다. 난데없게도 '발레'였다.

생각이 길면 용기는 사라지는 법

진심은 언제나 불쑥 나올 준비가 되어 있다. 주머니에 든 송곳이 존재를 감추지 못하듯 진심은 작은 구멍만 보이면 기어이 비집고 나온다.

나는 오래전부터 "사실 발레 하고 싶다"는, 농담을 가장한 진담을 툭툭 던졌다. 그때마다 친구들은 아주 잠깐 당황하다가 "해. 하면 되지"라고 쉽게 답했다. 그러나 그들은 내 튼실한 하체를 빠르게 훑는 눈동자와 어떤 대답을 해야 할지 방황하는 찰나의 진심을 숨기지 못했다. 더불어 그 대답 속에 담긴 '어차피 안 할 거'라는 뉘앙스도 들키고 만다. "네 나이에?" "응? 네가?"라며 말리는 시늉조차 하지 않는다. 왜냐? 그저 말뿐이라는 걸, 쉽게 시작하지 못하리라는 걸 이미 알고 있는 것이다.

오랜 지인들에게까지 농담을 가장해서야 진심을 꺼낸 건 그들의 반응이 궁금하면서도 두려웠기 때문이다. 혹시 진지하게 받아들여 적극 권할까 봐 언제든 농담인 양 빠져나갈 궁리를 한 셈이다. 과연 내가 시작할 수 있을지 나조차 자신 없었다. 그러면서도 마음 한구석엔 적극적으로 응원해 주길 바라는 마음이 숨어 있어서 누군가 등 떠밀어 주길 은근히 바랐다. 오래 꿈꿨으나 발레는 내게, 넘기엔 너무 높고 닿기엔 지나치게 아름다운 거대한 벽 같았다. 그 벽은 평온했던 일상이 사고를 만나 깨지면서 함께 균열을 일으켰다. 그 틈을 타고 어김없이 진심이 비집고 나왔다.

다 늦은 고백이지만 어릴 적 나의 꿈은 발레리나였다. 주변에 발레를 업으로 삼거나 취미로 배우는 이가 없고 발레리

나에 대한 특별한 기억이라곤 TV에서 본 한 장면뿐인데도 발레리나를 오랫동안 동경했다. 공연 소식을 전하는 짧은 뉴스에서 튀튀발레리나가 입는 주름이 많이 잡힌 스커트를 입고 통통 튀어 오르는 발레리나를 처음 보았다. 긴 팔과 다리, 손끝과 발끝까지 감정을 담은 섬세한 움직임, 중력쯤은 가볍게 무시한 채 허공을 가로지르는 발레리나의 모습은 단번에 나를 사로잡았다. '아름답다'는 단어의 뜻을 처음 자각한 순간이었다. 어린 눈에도 그 아름다움은 이 세상 것 같지 않았다. 고작 6년 남짓 살아온 내게 그 이미지는 처음 만나는 새로운 세계였다. 늘상 뉴스에 채널을 고정한 아빠가 처음으로 고마웠다. 동경이 시작됐으나 하늘은 내게 TV에서 본 발레리나처럼 작은 머리와 긴 팔다리는 물론 바람 불면 날아갈까 싶은 몸을 허락하지 않았다. 그 대신 체형을 파악할 눈치는 주어서 꿈을 그저 꿈으로 남기는 현명한 선택을 하게 했다. 덕분에 발레리나는 비밀 같은 꿈으로 남았다. 그랬던 내가, 나이 오십에, 이제 와서 발레라니.

하필 왜 지금, 이렇게 부러지고 틀어진 몸으로 그 꿈을 불러낸 것일까. 멋모르는 어린 시절 꿈꿨던 궁극의 아름다움, 그 가장자리에라도 쪼그려 앉고 싶었던 걸까. 나에게 발레는 닿지 못했지만 떨칠 수 없는 미련이었다. 내 맘처럼 움직여지지 않는 몸을 실감할수록 그 꿈은 더 간절해졌다.

그러나 이번에도 '이 나이에?'라는 말이 어김없이 따라붙었다. 그 말에 지지 말자고 자주 다짐했으나 발레 앞에선 어쩔 수 없이 약해졌다. 줄리아 카메론은 나이 탓을 하며 포기하는 건 초보자가 된다는 자아의 위축에서 오는 감정적인 손실을 줄이기 위해서◎라고 했다. 나도 예외일 수 없어서 초보자가 되는 부담감은 간신히 올라온 용기의 불씨를 '나이 오십'이란 말로 사그라들게 했다. 그런데도 '이러다 말겠지' 했던 발레를 향한 마음은 좀처럼 꺼지지 않았다.

그 마음을 애써 누르는 동안 지나치게 타인을 의식해 온 내 모습을 보았다. '발레 하는 나'를 남들이 어떻게 볼까 걱정하며 미리 포기했다는 걸 알았다. 타인의 말과 표정에 상처받

◎ 줄리아 카메론, 『아티스트 웨이』(경당, 2017)

지 않으려고 지레 포기하는 패턴이 발레에서도 반복되고 있었다. 더 이상 '이전과 같은 나'로 살 수 없다고 생각하면서도 한 걸음 내딛기가 어려웠다.

계속 머뭇거리던 그때, 언젠가 들은 펜싱 경기 캐스터의 한마디가 떠올랐다.

"생각이 길면 용기는 사라지는 법이지요."

정신이 번쩍 들었다. 간신히 올라온 용기를 놓칠 순 없었다. 시작 앞에서 머뭇거릴 때마다 스스로에게 건넸던 주문 같은 말을 되뇌었다. '오늘 딱 하루만, 딱 한 스텝만.' 이번에도 바로 앞의 한 걸음을 내디디면 될 일이었다. 달라진 생각과 새로운 시도로 기울어진 몸을 바로 세우고자 했다. 하고 싶었으나 하지 못하고 흘려보낸 것을 붙잡기로 마음먹었다. 그것이 몸의 언어를 배우는 일이라면 지금의 나에겐 꼭 필요한 것이기도 했다.

'발레리나가 되려는 건 아니잖아.'

목표를 낮출수록 알 수 없는 배짱이 단전에서 솟았다. 어린 나를 만나는 시간, 기초로 돌아가는 과정, 매일의 일상과 완전히 동떨어진 새로운 세계로의 입문. 생각만 했을 뿐인데 가슴이 두근거렸다. 실로 오랜만에 찾아온 설렘이었다. 닿지 못했으나 잊지 않은 덕분에 현실 속으로 발레가 성큼 다가왔다.

그럼에도 당장은 시작할 수 있는 몸 상태가 아니었다. 무엇보다 나처럼 게으른 완벽주의자에게 시작은 늘 쉽지 않았다. 수업에 드는 비용이나 갖춰야 할 옷, 타고나야 할 것 같은 신체적 조건처럼 발레를 둘러싼 강한 선입견에서 나 역시 자유롭지 못했다. '이제 와서 뭘 새삼스럽게'라며 포기할 만한 이유는 차고 넘쳤다. 그래서 덜 전문적인 곳을 찾았다. 최소의 시간과 에너지를 쏟을, 저렴한 비용과 가벼운 마음만 필요한, 언제든 그만둘 수 있는 부담스럽지 않은 곳으로.

궁하면 통한다고 했던가. 가까운 문화센터에서 발레 수업이 진행 중이었다. 주 1회 50분, 한 달 수강료 3만 원. 다음 학기 시작까지 두 달가량 남은 것도 나에겐 퍽 다행스런 조건이었다. 온라인으로 접수를 하고 운동할 수 있는 몸을 만들기 위해 적극적으로 치료했다. 미뤘던 체외충격파도 받고 틈틈이 스트레칭도 하면서 몸의 가동 범위를 조금씩 늘려 갔다.

드디어 개강일이 되었다. 그사이 나는 발레복과 발레 슈즈를 구입해 두고, 참고 삼아 취미 발레 동영상을 보며 이날만을 기다렸을… 것 같지만, 개강일이 다가올수록 어딘가에 숨고 싶은 마음만 커져 갔다. 오랜 꿈에 다가갈 수 있는 꼭 맞춤한 곳을 찾아 접수까지 해 놓고도 '접수 취소'를 누르고 싶은 마음과 자주 싸웠다. 시작도 하기 전에 그만둘지 몰라서 발레복은커녕 필수 준비물이라는 발레 슈즈도 없이 개강일 아침을 맞았다. 그날따라 왠지 몸은 더 무겁고 통증도 심해진 것 같은 기분에 휩싸였다. 도무지 용기가 나지 않아 접수를 취소하려고 홈페이지에 들어갔더니 개강일부터는 현장 취소만 가능하다는 안내가 떴다. 취소를 하든 수업에 참여하든 문화센터까지 가긴 가야 했다. 늘어난 추리닝 바지와 편한 티셔츠 차림 그대로 일단 집을 나섰다. 나를 돌보는 첫 미션. 발레와의 만남이 헐렁하게 시작됐다.

헐렁한 시작

정신을 차리고 보니 나는 매트 위에 냅다 누워 있었다. 워낙 뻣뻣한 몸인 데다 긴 와병 생활까지 더해져 내적 곡소리를 요란하게 뽑아내는 중이었다. 폴더폰 접듯 상체와 하체가 납작하게 달라붙은 선생님과 달리 내 손끝과 발끝은 N극과 S극처럼 서로를 사정없이 밀어냈다. 두 다리를 180도로 벌린 채 아무렇지 않게 배를 땅에 붙이고 엎드린 선생님께 감탄하다가 60도 정도만 간신히 벌어지는 나의 두 다리를 보면 발레라는 걸 과연 할 수 있을지 걱정이 됐다. 그런 나를 견디게 한 것은 뜻밖에도 강의실 안에 퍼지는 잔잔한 피아노 연주곡이었다. 음악이 시작되자 마음만큼은 뼈와 근육이 말랑했던 어린 시절로 돌아갔다.

어릴 적 부모님이 장사하시는 가게 앞엔 커다란 가로수가 늘어서 있었다. 아마도 수양버들이었을 그 나무는 큰비가 오고 나면 낭창낭창한 나뭇가지들을 바닥에 떨어뜨렸다. 나는 그중 적당한 길이의 가지를 골라서 가게에 있는 빨간 노끈을 끝에 묶었다. 그러곤 TV에서 본 발레리나와 리듬체조 선수들의 연기를 흉내 내며 이리 뛰고 저리 뛰었다. 그 짓을 초등학교 4학년 때까지 참 오래도 했다. 발레리나라는 막연한 동경과 꿈이 이어졌지만 제대로 배워 보고 싶다고 한 번도 말하지 못했다. 어린 나이에도 어렴풋이 알았던 것 같다. 발레는 하고 싶다고 아무나 할 수 있는 게 아니라는 걸.

내가 원하는 아름다움의 세계로 영영 들어설 수 없으리란 예감은 시도마저 단념하게 했지만 그럴수록 꿈은 내 곁에 머물렀다. 그리고 그 놓지 못한 꿈은 결국 40년이나 지난 지금, 문화센터 마룻바닥에 누워 뻣뻣한 팔과 다리를 한껏 늘려 보게 만들었다. 막상 발을 들여놓고 보니 반갑게도 오늘날의 발레는 취미이자 운동이 되어 있었다. 취미로서의 발레라면 큰돈을 들이지 않고도 할 수 있고, 건강이 허락된다면 늦은 나이란 것도 없을 만큼 선택의 폭이 넓어졌다.

긴 고민 끝에 달려간 수업 첫날, 피아노 연주곡에 맞춰 스트레칭을 하는데 갑자기 뭔가가 울컥 올라왔다. 통증 때문도, 좀처럼 벌어지지 않는 두 다리와 버거운 자세 때문도 아니었다. 난데없이 몰려오는 온갖 상념에 눈시울이 뜨거워졌다. 질끈 감은 눈 사이로 흐르는 눈물을 누가 볼 새라 서둘러 훔쳐냈다. 빨간 노끈이 달린 나뭇가지를 흔들며 발레리나 흉내를 내던 어린 내가 감은 눈앞에 펼쳐졌다. 그 아이를, 어린 나를, 그토록 원하던 자리에 마침내 데려온 순간이었다.

그날 나를 울린 연주곡은 〈When We Were Young〉이었다.

체공 시간의 비밀

발레 수업에서 누리는 큰 즐거움 두 가지가 있다. 하나는 아주 조금씩이나마 실력이 느는 기쁨이고, 또 하나는 선생님의 시범을 감상할 때 밀려오는 감탄이다. 취미 발레를 오래 해온 이들의 실력도 대단하지만 전공자의 자세와 몸짓은 한눈에 봐도 남다르다. 바 워크나 센터 워크뿐만 아니라 점프 동작에서는 입이 떡 벌어지게 경이로운 차이를 보인다. 일단 점프의 높이와 체공 시간이 3배쯤은 더 높고 긴 느낌이다. 그랑쥬떼한쪽 다리를 앞으로 편 채 도약하면서 다른 쪽 다리도 곧게 펴고 뛰는 동작 시범을 보이는 선생님의 표정과 몸짓을 보면 너무 자연스럽고 힘 하나 들이지 않은 것 같아서 나도 비슷하게는 될 거란 착각에 잠시 빠지기도 한다. 하지만 음악이 시작되고 발을 떼는 순간, '이게 아닌데'라는 생각이 스친다. 그러곤 얼마 못 가 '쿵' 둔탁한 소리와 함께 바로 떨어지고 만다.

허탈하게 웃는 우리에게 선생님은 말씀하신다. "호흡을 위에 두고 누가 머리 위에서 잡아당긴다고 생각하세요." 호흡을 위에 두라니요, 올라가 본 적도 없는 걸요…. 그래도 선생님 말씀대로 어떻게든 흉내 내며 숨을 참고 '흡' 뛰어 보지만 야속한 중력은 아래로 아래로 나를 잡아끈다. 호흡을 위에 둔다는 게 뭔지 아직 정확히 모르겠고 마리오네트가 되어 본 적도 없으니 머리 위에서 당기는 기분도 모른다. 그러니 매번 쿵쿵, 무릎에게 미안한 점프만 이어졌다.

그러던 어느 날, 보다 못한 선생님이 우리의 시선을 지적하셨다. "올라가기도 전에 떨어질 생각부터 해서 그래요." 시선이 줄곧 바닥을 향하기 때문에 머리가 무거워지고, 그러다 보면 공중에 오래 머물 수 없다고 했다. 어찌 보면 당연한 일이다. 오십 년 동안 공중에 머물 일이 얼마나 있었겠는가. 그러니 익숙한 시야로 돌아올 궁리만 하게 되고, 자연히 시선은 바닥을 벗어나기 힘들다. 체공 시간의 비밀은 결국 '시선'에 있었다. 중력을 거스르는 비결은 바닥을 벗어나 공중에 꽂는 시선과 그곳에 펼쳐진 새로운 풍경을 포착하려는 의지였다.

여전히 몸은 무겁고 시선은 자꾸 아래로 향하니 공중에 머무는 건 어렵다. 비밀을 알게 되었다 해서 단번에 달라지는 일은 일어나지 않았다. 그래도 몇 가지는 분명해졌다. 마음이 있는 곳에 시선이 가고, 시선이 머무는 곳으로 몸도 향한다는 사실이다.

두 번의 사고 후 몸의 축이 완전히 흔들린 느낌을 받았다. 제대로 앉거나 누울 수 없어서 잘못된 자세를 오래 취하다 보니 어깨와 팔, 무릎까지 통증이 번졌다. 통증은 지극히 사적인 영역인지라 그 누구도 완벽하게 공감할 수 없다는 것도 나를 힘들게 했다. 겉으로 드러난 상처가 없으니 엄살에 꾀병 환자라고 흉봐도 어쩔 도리가 없었다. 사고로 인한 불편함과 통증은 온전히 나 혼자 감당해야 할 몫이었다.

불편함은 익숙한 것을 새롭게 인식하는 계기가 되었다. 특히 '계단'의 존재감은 실로 새로웠다. 세상에 계단이 이렇게나 많았는지 새삼스러웠다. 두 아이를 키우면서 유아차를 끌고 나갈 때 느꼈던 막막함을 이십여 년 만에 다시 실감한 것이다. 젊고 건강한 엄마일 때 만난 계단과, 통증으로 범벅이 된 오십에 만난 계단은 같지만 달랐다. 무릎을 접어 다리를 들어 올리는 그 쉬운 동작이 좀처럼 되지 않아서 난감했다. 다리에 힘이 들어가지 않아 계단 앞에서 움찔거리기만 한 순간은 얼마나 많았는지. 그게 두렵고 불편해서 오랜 시간 외출을 피했다.

그렇게 생활 반경의 엄청난 축소를 경험하면서, 아프지 않았다면 알 수 없는 사실을 뼈아프게 느꼈다. 에스컬레이터 없는 지하철 출구가 참 많다는 것과 엘리베이터라도 한번 이용하려면 이해할 수 없는 동선을 따라 한참을 돌아가야 한다는 걸 알게 됐다. 그나마 이용할 수 있다면 다행인 걸까? 엘리베이터가 없는 역을 검색했다가 예상보다 많아서 놀랐고 환

승할 때 요금체계나 이용하는 방법이 복잡해서 또 놀랐다. 계단이 두려워지기 전엔 전혀 알지 못한, 적극적으로 알려고 하지 않은 것들이었다. 엘리베이터와 에스컬레이터를 찾아 헤매고 통증을 참아 가며 계단을 오르내리는 사이, 나의 시선은 달라졌다.

한창 아플 때 뉴스에 빠지지 않고 등장하던 장애인 지하철 시위가 바로 그랬다. 장애인들이 이동권 보장을 요구하며 지하철에서 벌인 시위를 두고 사람들은 각자의 자리와 처지에서 찬반의 의견을 표했다. 아프기 전이었다면 그들의 불편을 상상도 안 한 채 어떤 의견과 관심도 없이 흘려보냈을지 모를 소식이었다. 그저 그 많은 세금 어디에 썼길래 아직까지 약속이 지켜지지 않은 걸까? 고작 그 생각 하나 잠시 떠올렸을 것이다. 어쩌면 시위로 인한 불편을 토로하는 입장에 쉽게 동조했을지도 모른다. 그러나 잠시나마 불편과 소외의 가장자리에 서 본 지금은 그들의 심정을 이해하지 않을 수가 없다. 나는 이제 그 막막함을 조금은 아는 사람이 되었고, 알게 되면 그전으로 돌아갈 수 없다.

익숙한 것은 늘 편하다. 그래서 더 익숙한 것이 되고 만다. 낯선 것은 언제나 불안을 품고 있다. 생각지 못한 변수 앞에 속수무책이 되는 순간은 누구에게나 반갑지 않다. 우리가 여행을 하고 책을 읽고 영화를 보는 것은 불안과 친해지기 위한 노력일지 모른다. 비교적 안전하게 나를 낯섦과 불안과 불편으로 인도해 보는 것이다. 그 길은 미처 깨닫지 못한 나의 자리와 고정불변할 것만 같은 굳은 시야를 확인하기 위해서도 필요하다. 그 안에서 나의 편협을 발견하고 경험하지 못하면 알 수 없는 세상의 다양한 모습에 나의 시선을 오래 두기 위함이다. 아파 보지 않아도 어딘가에 아픈 사람이 있다는 생각, 불편한 적 없지만 누군가의 불편함을 상상해 보는 노력, 불편한 이들을 위해 목소리를 내고 나의 작은 것을 나누는 것부터 우리가 할 수 있는 '시작'이 된다.

때때로 찾아오는 깊은 각성은 그 자체로 머물지 않는다. 공감과 관심은 이전엔 보이지 않던 것들을 주목하게 하고 행동의 변화를 이끌어 낸다. 내가 나 몰라라 했던 시간에도 중요한 가치를 위해 묵묵히 애쓴 단체를 찾게 하고 내가 할 수 있는 뭔가를 하게 만든다. 이전이라면 흘려보냈을 그들의 이야기에 귀 기울이고 그들의 역사가 담긴 책을 찾아 읽어도 본다. 아픈 지인에게 전화 한 번 더 하게 되고, 마음의 상처로 낙심한 이에겐 커피 한 잔 마시는 시간을 선물하기도 한다.

아프기 전에 알았다면 참 좋았을 것을 아프고 나서야 알았다. 미리 알았다면 좋았겠지만 아파야만 보이는 것이 있음 또한 안다. 그동안의 무관심을 반성하는 마음으로 그들을 향한 관심과 내 자리에서 할 수 있는 노력을 이어 가려 한다. 나의 그랑 쥬떼는 여전히 미흡해서 공중에 오래 머물지 못하지만, 일상 속에서만큼은 불편과 불안을 이기고 낯선 자리에 좀 더 오래 머물 수 있기를 바란다. 익숙지 않은 곳에 닿은 그 시선을 쉽게 거두지 않을 생각이다.

분명 외웠는데 말입니다

기억력이 나쁘지 않다고 생각했다. 자랑 같지만 분명 좋은 쪽이었다. 지인들의 기억을 상기시켜 줄 때가 많았고, 남다른 예민함은 일상의 사소한 것도 놓치지 않게 만드는 구석이 있어 기억 조각을 적절히 쌓고 꺼내는 데 능했다. 그런데 언제부턴가 기억을 말로 치환하는 과정이 덜컹거렸다. 말하고 싶은 단어 조각이 목구멍과 목젖 사이, 소뇌와 대뇌 사이 어디쯤에 끼어 쉽사리 튀어나오지 않았다. 기억력의 차원이 아니라 내 몸 어딘가 고장이 난 것 같은 기분이었다.

시작은 외국 배우들 이름이었다. 영화 〈시애틀의 잠 못 이루는 밤〉에 대해 얘기하던 날, 여주인공 이름에서 턱 막혔다. 짧은 금발 머리와 귀여운 입매, 사랑스러운 미소는 선명한데 수십 번은 언급했을 그 이름이 도통 떠오르지 않았다(당신은 금방 떠올랐나요). 유명 외국 배우 이름쯤은 어렵지 않게 툭툭 튀어나왔던 터라 새하얘진 머릿속이 내 것 같지 않았다. 끝내 기억해 내지 못하고 검색을 하고서야 그 이름을 알아냈을 땐 은근히 걱정이 되었다. 깜빡깜빡 잊는 거야 예전부터 자주 있었던 일이라 생소할 것 없지만, 아무리 떠올리려 애써도 흰 벽에 가로막힌 듯한 답답함은 처음이었기 때문이다. 내 또래의 사정은 다들 비슷한지 지인들과 만날 때면 스피드 퀴즈와 다섯 고개 한판이 벌어진다. 맞히는 쪽이었던 나도 흐려진 기억과 느려진 순발력 탓에 이젠 자꾸만 문제를 내게 된다.

"그때 거기서 그거 했어요?"

난 대체 무엇이 궁금한 걸까. 내가 뱉은 많은 대명사 중 무엇부터 찾아야 할지. 몇 번의 다섯 고개가 오고 간 뒤에야 비로소 '그때'와 '거기'와 '그것'이 명확해진다.

3초 안에 어제 점심 메뉴가 기억나지 않으면 뇌세포가 퇴화 중이라는 연구 결과를 보았다. 3초라니, 너무 야박한 수치 아닌가 싶다가도 10초쯤 넉넉히 준다 한들 쉽게 떠오를지 이내 의구심이 생긴다. 50년을 썼는데 머리가 예전처럼 팽팽 돌아가길 바라는 것 자체가 욕심이라는 걸 안다. 시간에 충실히 반응한 몸의 변화가 어찌 뇌에는 일어나지 않았겠는가. 그럼에도 그런 상황이 잦아질수록 이대로는 안 된다는 생각이 절로 든다. 그렇다고 뭘 어떻게 해야 할지 뾰족한 수가 생각나는 것도 아니라서 전날 점심 메뉴쯤이야 차라리 잊는 게 낫다고 위안하기도 한다. 그것 말고도 기억해야 할 건 넘치니 이런 현상은 자연의 순리로 순순히 받아들이는 게 답이 아니겠는가 하며. 단어 하나 금방 떠올리지 못한다고 해서 당장 큰일이 일어나진 않으니까.

문제는 그런 상황이 쌓일수록 점점 자신감이 없어진다는 것이었다. 15년 동안 책 선생으로 지내면서 여럿 앞에서 말할 기회가 많았고 그런 자리에 익숙했다. 하고 싶은 말을 적당한 속도로 끊김 없이 하는 건 내게 그리 어렵지 않았다. 그런데 언제부턴가 읽었던 책 제목이 떠오르지 않거나 작가 이름이 입에서만 맴도는 일이 잦아졌다. 어려운 단어라면 입에 붙지 않아서 그렇다는 핑계라도 대련만 '해소'나 '반박'처럼 자주 쓰던 단어나 수천 번은 말했을 화장대, 싱크대, 냉장고 같은 말조차 한참을 맴돌다 나와서 애를 먹었다. 그때마다 찾아온 무력감은 예상보다 컸다. 특히 은행 업무를 보거나 행정복지센터에 문의할 때, 가전제품 AS라도 신청할라치면 어찌나 우물쭈물거리는지, 내가 다 안쓰러웠다. 내 말을 기다리는 상대방의 어색한 미소와 침묵 앞에서 자꾸 위축됐다. 그런 일이 잦아지자 차라리 키오스크 같은 기계 앞에서 굼뜬 나를 견디는 쪽이 훨씬 나았다. 게다가 새로운 말들은 왜 그리 늘어나는지. 예전엔 어쩌다 모르는 단어를 만나면 앞뒤 문장으로 유추하곤 했는데 요즘 만나는 낯선 단어는 통 종잡을 수가 없다. 알던 것도 잊어버려서 걱정인데 새로운 단어는 왜 자꾸 생기고 사람들은 왜 또 습관처럼 말을 줄여 대는지. 어렵게 기억해 낸 단어조차 쉽게 달아나 버려서 기억의 유통기한도

믿을 수 없게 됐다. 뭐라도 해야 했다.

그래서 새로운 단어를 만나거나 목구멍에서 깔딱거리던 단어를 끄집어내면, 그게 달아나기 전에 눈앞에 있는 아무 종이에 적기 시작했다. 다이어리 구석이나 이면지에 낙서처럼 끄적인 단어는 빠르게 늘었다. 그렇게 채집한 단어를 작고 가벼운 수첩에 모았다. 정확한 뜻이 궁금한 건 검색해 보기도 했지만 의미까지 적진 않았다. 나만 알아차리면 되는 최대한 가볍고 쉬운 방법이어야 했다. 번거로워지는 순간 모든 시작은 끝을 맞이하기 십상이니까.

그 막막함에 요즘은 하나가 더 추가됐으니 바로 발레 수업 때 배우는 동작과 순서들이다. 보통 발레 수업은 매트에서 스트레칭과 근력 운동으로 몸을 푼 뒤 '바'라고 불리는 흰 버팀대 옆에 서서 바 워크를 한다. 턴듀, 쥬떼, 롱드잠 등 7~8개 영역으로 나눠서 선생님의 마킹(시범)을 보고 바로 따라하는 방식이다. 한 영역은 길어야 1~2분이고 두 달에 한 번씩 순서가 달라지기 때문에 한번 외워 두면 두 달은 막힘없이 수업할 수 있다. 그런데 놀랍게도 두 달 내내 어디서든 꼭 틀린다.

선생님의 시범을 보면 다 익힌 것 같은데, 분명히 다 외웠는데, 내 차례가 되어 바를 잡고 서면 머릿속이 새하얘진다. 방금 전에 본 첫 번째 동작부터 깜깜하다. 몇 번째 박자에서 팔을 펴는지, 발은 앞으로 붙이는지 뒤로 붙이는지 곱씹다가 보면 시작하는 타이밍을 놓치기 일쑤라 본의 아니게 엇박자 댄서가 되고 만다.

고민 끝에 선생님께 양해를 구하고 수업하는 내 모습을 동영상으로 찍었다. 집에 와서 영상을 돌려 보고는 나의 불안한 시선과 헤매는 손발에 적잖이 놀랐다. 선생님의 시범은 화면 밖이라 안 보였지만 생생한 설명에 맞춰 내 포즈를 비교해 보면 정확한 자세를 이해할 수 있어서 확실히 도움이 됐다. 동영상 복습 덕분에 몇 달은 어찌어찌 잘 버텼다.

그런데 얼마 전 발레 학원을 옮기면서 그마저도 통하지 않게 됐다. 옮긴 학원은 수업 때마다 시퀀스 루틴이 달라졌고, 학원마다 레벨 난이도가 달라서 그런지 비슷한 레벨인데도 팔과 발동작이 무척 빠르고 복잡했다. 그러다 보니 이젠 시작만 조금 늦는 정도가 아니라 시퀀스 자체가 무너져서 음악을 끊고 다시 반복하는 일이 생겼다. 민폐를 끼치는 게 미안해서 선생님이 시범을 보일 때면 하나라도 놓치지 않기 위해 눈도 깜빡이지 않고 뚫어지게 봤다. 한 동작 한 동작 머릿속에 새겨넣을 마음이었다. 그러나 내 열의는 아랑곳없다는 듯 상황은 좀처럼 나아지지 않아 답답했다. 그런 내게 어느 날 선생님이 말씀하셨다. "정희 씨, 눈으로만 백날 보면 영영 못해요. 자꾸 따라 해야지." 그제야 발레 메이트들이 눈에 들어왔다. 선생님이 시범을 보이는 동안에도 그들은 쉬지 않고 손과 발을 움직이며 몸에 순서를 입력하고 있었다. 수학 문제를 눈으로만 풀어서 정작 시험 볼 땐 맨날 틀리는 학생이 나였다. 잊은 단어를 손으로 적으며 몸에도 함께 새기듯, 보고 듣는 감각에 직접 움직이는 또 다른 감각을 끌어와야 했다는 걸 깨달았다.

요즘은 이따금씩 수첩에 적은 단어를 소리 내어 읽어 본다. 입 속에서 굴러가는 소리 하나하나에 집중하다 보면 이전에 보이지 않던 단어의 맛이 새롭게 다가온다. 무람없다, 도저하다, 경도되다, 나무말미, 빠닥빠닥하다, 아상블라주, 표표

하다, 헤살, 이울다, 자별하다…. '관여'와 '간여'를 구별하게 되고, 도용과 오용과 남용과 악용 사이의 간격도 무심하게 넘기지 않는다. 잃는 것에 조금 더 예민해진 덕분에 그냥 지나쳤던 아름다운 단어를 건져 낸다. 실수투성이 발레 수업 동영상도 다시 본다. 복습이 거듭될수록 헤매던 순서를 이해하고 발레 용어에도 익숙해진다.

빠져나간 것에 민감하게 반응하며 나의 두뇌를 자꾸 흔들어 깨운다. 계절마다 집 안 구석을 살피며 잊었던 살림살이를 확인하듯 우리의 두뇌 또한 이따금 뒤집어 봐야 한다는 걸 새삼 깨우친다. 묵은 먼지를 털어 내고 자주 쓰는 것은 꺼내 쓰기 편하게 제자리에 놓아두는 손길은 머릿속에도 필요하다.

이런 시도들이 기억력을 채우는 데 도움이 되는지는 미지수지만 초조했던 마음은 잦아든 것 같다. 나름의 방법을 찾아 노력하고 있다는 사실은 그 자체로 위안이 된다. 그 덕분인지 단어가 떠오르지 않을 때마다 덜컥 들어서던 겁을 은

근슬쩍 밀어낼 수 있게 됐다. 잊는 만큼 또 채우면 된다는 느긋한 마음도 도움을 주었는지, 최근 일상을 더듬어 보면 단어 때문에 우물거린 일이 많지 않다. 함께 발레 하는 젊은이들 틈에서 나만 못하면 어쩌나 싶은 걱정은 나를 초조하게 만들었지만, 눈과 몸으로 함께 기억하기 위해 쉼 없이 움직이는 그들에게서 나와 같은 열정과 부단한 노력을 발견하면 초조함도 내려놓게 된다. 그리고 그 마음 위로 '그깟 거 좀 잊으면 어때? 좀 늦게 시작해도, 버벅거려도 다음 기회가 또 있어' 같은 배짱 섞인 여유가 자리 잡는다.

물론 단어를 떠올리는 답답한 과정이 단번에 줄지 않고, 바를 잡고 서면 깜깜한 무지의 시간은 어김없이 찾아온다. 하지만 기억의 저장 창고가 환기된 것은 확실하다. 꽉 닫힌 기억 창고에 어휘 수첩이라는 문 하나, 내 모습을 담은 동영상과 몸으로 기억하는 창 하나 열어 뒀을 뿐인데 그 안으로 새로운 바람이 드나든다. 구멍 난 뼈 사이로 빠져나가는 칼슘처럼 순간의 기억은 우수수 새지만 그 틈 사이로 글과 몸의 언어를 저장하는 나를 발견한다. 이 같은 노력이 하얘진 머릿속을 헤매느라 어색하게 웃는 시간만큼은 줄여 주었으면 좋겠다. 쪼그라든 내 마음까지 빳빳하게 펴지길 바라며 오늘도 몸과 마음에 나만의 언어를 입력해 본다.

경쟁하지 않는 배움

발레를 시작할 때 작은 기대가 분명 있었다. 늦은 나이에 시작했으니 발레에 진도라는 게 있다면 좀 더 빨리 따라잡고 싶은 바람이었다. 느슨하게 시작한다면서, 그런 마음까지 완전히 몰아내지는 못했다. 늘 그랬듯 이번에도 수업에 곧 익숙해질 거라고 내 맘대로 짐작했다. 망설이느라 시작이 늦었을 뿐 그간 챙겨 본 발레 관련 영화나 책에서 주워들은 풍월은 두둑했기 때문이다.

그러나 수업 첫날, 금세 눈치챘다. 발레는 호락호락한 춤이 아니었고 무엇보다 따라잡는 레이스가 아니었다. 우리가 익히 아는 발레리나의 포즈를 제대로 구현하려면 긴 시간 동안 엄청난 훈련이 뒤따라야 한다. 우선은 제대로 서는 것부터가 어렵다. 뒤꿈치를 붙이고 두 발을 180도로 벌린 채 서는 1번 발에 팔은 아래로 내린 '앙 바'라는 기본자세만 해도, 발레리나들의 표정은 세상 평온하지만 근육은 맹렬하게 저마다의 일을 하는 중이다. 엉덩이는 잠그고 말린 어깨를 반듯하게 편 채로 두 팔은 누가 매달려도 될 만큼 단단하게 힘을 주어 뻗는다. 허벅지는 좌우로 열면서 허벅지 뒤쪽을 보여 주는 느낌으로 뒤꿈치를 모아 서야 한다. 말이 쉽지, 그건 연습 몇 번 만에 나올 수 있는 자세가 아니다. 그 모습을 겨우 흉내 낸 나를 거울 속에서 발견할 때면 내 기대와 짐작이 얼마나 허무맹랑한 것인지를 금방 알게 된다.

이렇게나 근육이 중요한 춤인 걸 몰라서 첫날 많이 당황했다. 내가 생각한 '발레'에 가장 가까운 센터 워크는 10% 정도에 그쳤고 나머지 시간에는 뻣뻣한 관절과 나의 무게를 실감하며 중력과 싸워야 했다. 나는 발레를 하고 싶어서 온 건

데 매트 위에서 근육과 싸움을 벌이는 시간이 너무 길었다. 문화센터는 덜 전문적인 곳이라서 춤은 조금만 추나? 대충 꿰어 입고 나오길 잘했다는 생각도 잠시 했던 것 같다.

다들 비슷한 생각을 했는지 두 번째 수업에는 인원이 절반으로 줄었고 한 달쯤 지나자 4명만 남았다. 적정 인원이 안 되면 폐강한다는 안내문이 벽에 크게 붙어 있었다. 수업 첫날 나를 무척 반가워했던 기존 회원의 환대가 이해됐다. 근육통에 시달리고 밤이면 종아리에 쥐가 출몰해서 자다 깨길 반복해도 함께하는 메이트들을 생각하면 쉽사리 빠질 수가 없었다. 차츰 발레의 매력을 알게 되자 그러고 싶지도 않았다. 속근육이라는 게 과연 내게도 있는지 확인해 보자는 마음으로 6개월을 버텼다. 좀처럼 늘지 않는 실력 때문에 현타를 세게 맞을 때면 '가랑비에 옷 젖는다'는 속담을 떠올리며 기꺼이 빗속으로 나갔다.

그사이 어떤 발레 메이트는 자신의 놀라운 유연성을 발견했고, 또 다른 이는 엄청난 체력과 탄력을 자랑하며 를르베까치발처럼 발가락으로만 서는 자세를 완벽하게 보여 줬다. 유연성과 근력은 '양날의 검'이라 둘 다 갖춘 사람은 없다던데 어찌 된 게 나는 둘 중에 하나도 가지지 못한 것 같았다. 일취월장하는 발레 메이트들과 달리 나만 여전히 뻣뻣하고 근육은 물컹했다. 시작이란 허들을 넘기 위해 발 하나 걸친다는 마음으로 가볍게 발레에 다가갔지만 내 육신은 결코 '가볍지' 않았다. 비단 몸무게의 문제가 아니었다. 오십 년 넘게 차곡차곡 쌓인 중력 탓에 몸의 방향은 아래로만 향했고 굳을 대로 굳은 관절과 근육은 잠깐 늘어났다가도 금세 원래의 텐션으로 돌아가기 일쑤였다.

함께 수업하는 이들은 대부분 나보다 젊었고 때론 십대 소녀와 같은 클래스에서 수업하기도 했으니 그 차이는 당연한 것이었는지 모른다. 그걸 다 알면서도 나이의 한계를 절감할 때면 기운이 빠졌다. 그들의 포즈를 따라 무리하게 몸을 쓰면 여지없이 근육이 놀랐고 그 여파는 오래 갔다. 자꾸 올라오는 조급한 마음을 '천천히 걸어도 괜찮다'며 다독였다. 다치지 않고, 내가 할 수 있는 만큼만 하자고 매 시간 다짐했다. 아무리 용을 써도 안 되는 게 있다는 걸 인정하니 차라리 마음이 편해졌다.

그런데 신기한 것은 느린 걸음도 누적되면 어느 순간 달라진 나를 마주하게 된다는 것이다. 다른 이들과 비교할 땐 나만 그대로인 것 같지만 처음의 나를 떠올리면 얼마나 발전했는지 바로 알게 된다.

그러나 이런 깨달음 뒤에도 나의 제자리 실력이 유독 답답하게 느껴지는 날이 있다. 밀가루 반죽처럼 몸을 쭉쭉 늘리는 우리 반 에이스 H에게 이런 마음을 털어놓았다. 그러자 의외의 대답이 돌아왔다. "체력이나 유연성은 제가 생각해도 자신 있는데 저는 음악을 타는 게 잘 안 돼요. 근데 정희 씨는 그걸 잘하시는 것 같아요."

몰랐다. 내게도 잘하는 부분이 있다는 걸. 발레는 체력과 유연성이 전부가 아니었다. 발레는 음악과 함께 하는 '춤'이었다.

그럼에도 새로운 동작을 배우거나 근력 운동이 힘에 부칠 때면 좀 더 젊은 나이에 시작하지 못한 아쉬움이 찾아온다. 순서를 마킹하거나 난이도 높은 동작을 배우다 보면 굳은 머리와 거의 사용하지 않아서 퇴화 수준에 이른 근육들 때문에 번번이 애를 먹는다.

『아무튼, 발레』를 읽다가 영국에 사는 존 로우라는 90세 할아버지를 알게 됐다. 반평생 미술 교사로 살아온 그는 일흔아홉 살에 가슴속에 숨겨 놨던 발레의 꿈을 펼치기로 결심하고, 부단한 연습 끝에 11년 만에 무대에 올랐다. "음악에 맞춰 발을 세워 몸을 높이 올리는 건 황홀한 경험"이라며 발레를 예찬한 그의 이야기를 읽으며 맘처럼 움직여지지 않는 내 몸에 대한 불만을 슬그머니 내려놨다. 오십은 나이 핑계를 대기엔 너무 젊었다.

일흔아홉 살에 발레를 시작한 것도 대단하고 결국 무대에 올랐다는 사실 자체도 멋지지만 내게 그보다 더 인상적인 것은 11년의 연습 기간이었다. 오십 먹은 젊은이(?)에게도 까마득한 11년을 그는 어떻게 견뎌 냈을까. 여기저기 아픈 곳이 생길 때마다 덜컥 겁이 나고 여러 번 연습해도 도무지 나아지지 않는 것 같은 실력과 몸의 한계를 절감하는 순간은 얼마나 많았겠는가. 그럼에도 나아갈 수 있었던 것은 어제의 나보다 조금은 나아질 거란 믿음과 넘볼 수 없던 신비의 영역에 들어섰다는 감각 때문이 아니었을지 짐작해 본다.

발레는 같은 출발선에서 총소리를 듣고 출발하는 육상이나 수영이 아니다. 그보다는 한 번도 느끼지 못한 내 몸의 섬세한 근육을 인지하는 경험에 가깝다. 몸을 자유롭게 움직이는 방법을 배우고 그 과정에서 끈기와 성실을 다지며 회복탄력성을 키워 가다 보면 다른 누구와의 경쟁은 무의미하다는 걸 실감하게 된다. 내가 해 보니 그 매력은 꽤나 크다. 그래서 "왜 그렇게 열심히 해?" "뭐 발레리나 될 거야?"라는 질문은 가볍게 넘길 수 있게 되고 작은 염증이나 통증쯤은 참아가며 꼬박꼬박 수업에 가게 된다. 그게 쌓이다 보면 어느 날은 어쭙잖게 턴을 해내곤 발레 메이트들의 박수를 받는 일도 생긴다. 어설픈 내 모습에 그들은 알았을 것이다. 그날의 턴이 내 인생 첫 번째 턴이었다는 걸. 그 순간의 신통한 감각을 다들 겪어 봐서 그런지, 지난번까지 되지 않던 포즈를 해내는 발레 메이트의 성공을 마치 자신의 성공처럼 뿌듯해한다.

발레에 필요한 수행 요소는 다양하고 그것들을 모두 잘 할 수 없다는 걸 깨닫고 나면 다른 이가 가진 재능을 부러워하기보다 내가 가진 장점에 집중할 수 있다. 지금 내게 가능한 자세를 더 완벽하게 해내면 될 뿐, 더 이상 남과 경쟁할 필요가 없는 것이다. 어제의 나보다 조금 나아진 현재의 나를 뿌듯해하는 것으로 충분하다.

무언가를 이루겠다는 의미심장함에서 벗어나 비교하거나 경쟁하지 않는 배움은 얼마나 풍요로운지 발레에서 배운다. 세상의 수지타산에서 벗어나 더하고 뺐을 때 무언가 남지 않아도 도전해 보는 용기는 얼마나 힘이 센지, 내 몸과 동작에만 집중하다 보면 순간을 충만하게 사는 것의 의미를 알게 된다. 원하는 만큼 손과 발을 뻗어내기 위한 노력이 헛된 것 같아도 그 노력의 순간들이 모이면 어제보다 1cm라도 더 먼 곳에 닿을 수 있는 사람이 된다. 좋아서 기꺼이 감당하는 고통이 허락하는 은밀한 쾌락이 아닐 수 없다. 워낙 뻣뻣한 몸치라 수업 때마다 내적 곡소리가 끊이지 않고 그랑 바뜨망발끝을 뻗어 높게 차 올리는 동작과 아라베스크한쪽 다리로 서서 다른 쪽 다리를 뒤로 올려 들고 있는 자세 같은 동작을 간신히 흉내 내는 정도지만 꾸준히 발레를 하고 있다는 생각만으로도 신이 난다. 힘든 시퀀스를 끝내고 숨을 몰아쉴 때 찾아오는 작은 성취감이 근사하고, 쥐가 난 종아리를 문지르면서도 달아나지 않는 내가 대견하다. 일주일에 단 한 번이지만 그 시간의 잔향은 일주일을 행복하게 만든다. 이따금 재발하는 남편을 향한 서운함도, 이해할 수 없는 타인에 대한 투정도 고요한 음악 속에 몸을 맡기다 보면 이내 잠잠해진다.

나는 여전히 잘하지 못하고 잘하게 될지도 늘 의문이다. 언제까지 몸이 따라 줄지도 알 수 없다. 하지만 해 본 사람 쪽에 선 성취감은 확실히 맛봤다. 그래서 오늘도 육체적 고통의 순간을 견뎌 낸 나 자신을 믿고 조금 더 먼 지점을 향해 목과 손끝과 발끝을 뻗어 본다. 그랑 플리에다리를 양 옆으로 벌리고 무릎을 굽혀 깊게 앉았다 일어서는 동작 후에 가볍게 일어서지 못하는 내 모습에 의기소침해지지만 뭐 어쩌겠는가. 이것 또한 나인 것을.

그래도 이제는 손끝과 발끝이 자연스레 만나고 원하는 부위에 힘을 주고 빼는 것이 제법 익숙해졌다. 1cm 더 멀리,

3cm 더 높이 내 몸의 범위를 늘리는 기쁨은 생각보다 커서 끝끝내 수업에 붙어 있게 만든다. 와병 생활이 가져다준 커다란 선물을 오래도록 품어 보려 한다. 존 로우 할아버지처럼 무대에 설 날이 올지 누가 알겠는가.

땀구멍이 열리는 순간

여름을 싫어했다. 뜨겁고 강렬한 에너지가 늘 버거웠다. 사계절이 있는 나라에 살고 있으니 나머지 계절을 위해 어쩔 수 없이 거쳐 가는 벌칙 같은 시간이라 생각했다. 여름이 싫은 이유를 꼽아 보라면 끝없이 말할 수 있었다. 덥고 끈끈하고 빨개진 얼굴은 종일 뜨겁고 햇볕에 그을린 자리마다 검은 잡티를 선명하게 남긴다. 행여 음식이 상할까 조심해야 하고 찬 음식이 연달아 들어가면 어김없이 배탈이 난다. 무더위와 장마 때문에 바깥 운동도 못하고 음식물 쓰레기에 바짝 신경 써도 날파리와의 동거를 피할 수 없으며 열대야는 또 어찌나 괴로운지…. 여름이 싫은 이유는 매년 늘어나 5월이 되면 이 여름이 어서 지나길, 아침저녁 불어올 찬 바람을 마냥 기다렸다. 그래선지 여름에 열광하는 사람들이나 여름 사랑을 담은 책을 볼 때면 내가 이상한 사람인가 싶은 생각이 들곤 했다. 차가운 나의 심성이 계절에서도 드러나는 것 같아서 차게 식은 마음을 데우려면 여름 사랑을 흉내라도 내야 하는 건가 싶었다.

이랬던 내가 여름도 꽤 괜찮은 계절이란 생각을 지난해에 처음으로 했다. 계획 없이 떠났다가 만난 바다 덕분이다. 그동안은 파라솔 아래 간신히 자리 잡고 목욕탕 같은 바다에 몸을 담그는, 누구나 떠올리는 피서에 질려 있었다. 더위를 피해 더 더운 곳을 찾아가는 휴가를 '피서'라고 하다니. 진정한 피서는 에어컨 빵빵하게 나오는 실내라는 생각으로 여름 휴가를 건너뛴 지 오래였다. '진짜 여름'을 만난 그날도 동해의 카페에 앉아 먼바다를 구경할 요량으로 떠났다. 시원한 차 안에 앉아 있다가 서늘한 카페로 자리를 옮기는 동안 더위는 얼씬도 못 했다. 역시 이런 게 피서지. 아이스커피 한 잔까지 더해지자 싸늘한 기운이 온몸으로 퍼졌고, 조금 지나니 몸이 오들오들 떨렸다. 냉방병인가? 갑자기 차가워진 몸이 걱정스러워서 좀 데워 보려고 모래사장으로 나갔다. 한창 피서철인데도 이름 없는 해변엔 우리 가족뿐이었다.

햇볕 아래 나가자마자 살갗은 따갑고 발가락을 파고드는 모래는 데일 듯 뜨거웠다. 피부를 통해 스며든 여름의 열기가 빠르게 몸속으로 전달되면서 내장까지 뜨끈해지는 것 같았다. 해변의 고즈넉함에 마음을 빼앗겨 조용히 걸었다. 후끈한 바닷바람이 얼굴을 더욱 달궜다. 그런데 그 열기가 싫지 않았다. 바깥 기온과 내 몸의 온도가 같아진 시점에 도달하자 조금씩 땀이 맺히면서 바람이 시원하게 닿았다. 모래 열기로 익어 버린 발끝에 닿는 바닷물은 얼음물처럼 차가웠다. 작열하는 태양 아래 느끼는 시원함이라니. 이 매력을 아는 사람들이 그간 바다로 모여들었나 보다.

뜨거운 햇살과 찌는 듯한 바닷바람에 온몸을 푹 담가 본 그날, 여름 더위의 매력을 처음 알게 됐다. 정열적인 친구의 에너지가 버겁다며 피했는데 막상 같이 지내보니 그 화끈함에 매료됐다고나 할까? 열광할 정도까지는 아니지만 이젠 적어도 여름이 싫지 않다. 새롭게 좋아하기보다 싫은 걸 줄여나가는 게 더 어렵다는 걸 자주 느낀다. 나이 들수록 점점 더 그렇다. 그러니 우연히 만난 여름의 매력이 반가울 수밖에.

그날의 감각을 발레 수업 때마다 마주한다. 발레를 하지 않았다면 나는 땀이 안 나는 체질인 줄 계속 오해했을 거다. 그동안은 어떤 운동이든 하고 나면 얼굴만 흑토마토 색으로 변할 뿐 땀이라곤 콧등이나 턱에 살짝 맺히는 정도였다. 그러나 발레 수업이 이어질수록 내 땀구멍의 존재를 확인한다. 처음부터 단번에 알아차린 것은 아니다. 수업 첫날은 너무 힘들어서 스마트워치가 닳도록 시간을 확인했다. 30분은 지난 것 같은데 이제 겨우 3분 지난 걸 확인했을 땐 뛰쳐나가고만 싶었다. 체력이 워낙 좋지 않은 데다 긴 와병 생활이 이어진 탓에 50분 수업이 5시간처럼 느껴졌다. 게다가 나풀나풀 흔들리듯 추는 '춤'을 예상했건만 발레 수업은 사라진 근육을 찾아 헤매는 근력 운동이 절반 이상을 차지했다. 결국 시작한 지 얼마 지나지 않아 어지럽기 시작했다. 잠시 후 속이 울렁거리더니 급기야 구역질이 났다. 몸에 과한 자극이 오면 즉시 나타나는 3종 세트였다. 그 감각이 싫어서 어떤 운동이든 무리하지 않았다. 조금만 과하다 싶으면 몸의 반응에 충실히 답한다며 바로 그만두었다. 숨이 차는 것도 못 견뎌서, 고등학생 때 했던 1000미터 달리기 이후로 숨차 본 기억도 없다. 처음 온 수강생의 불편한 기색을 보다 못한 선생님이 말씀하셨다.

"숨 쉬셔야 해요."

'헥헥' 열심히 숨 쉬는 중인데요? 의아해하는 내 표정을 본 선생님의 설명이 이어졌다. 운동할 때 몸에 충분한 산소가 들어가지 않으면 뇌에 공급돼야 할 산소가 다른 일을 하는 바람에 하품이 나거나 어지러워진다고 했다. 3종 세트의 이유는 부족한 호흡이었다. 선생님 말씀대로 천천히 크게 호흡했더니 신기하게도 하품과 구역질이 잦아들었고, 그 순간을 넘기자 몸 이곳저곳의 땀구멍이 조금씩 반응하기 시작했다.

1년 6개월이 지난 지금은 레오타드 앞섶으로 또르르 흐르는 땀방울을 느낀다. 이마와 뒷목을 거쳐 등까지 땀으로 축축해져서 선생님이 자세를 잡아 주느라 등과 팔을 만질 때면 죄송하고 민망하다. 나도 이렇게 땀이 나는 사람이었나. 발레 덕분에 오십여 년 만에 알게 됐다.

여름 속으로 깊숙이 들어가고서야 뜨거움 속에 숨은 시원함을 사랑하게 됐듯, 수업이 계속될수록 땀구멍이 열리는 순간의 상쾌함을 즐기게 됐다. 그래서 이젠 발레 하는 동안은 스마트워치를 풀어 두고 더 이상 시간을 확인하지 않는다. 오로지 지금의 동작과 시선에 집중한 채 음악에 나를 맡겨 버린다. 누가 볼까 무서운, 붉다 못해 흙빛이 된 얼굴도 개의치 않고 나를 활활 불태워 보자고 마음먹는다.

더위와 땀방울을 기꺼이 받아들인 덕분에 계절과 감각의 새로운 매력을 알게 됐다. 그동안 잘 알지 못해서 지레 거리를 두었던 건 얼마나 많았을까. 내 힘으로 바꿀 수 없는 계절과 날씨를 있는 그대로 받아들이다 보면 피했던 마음이 무색하게 좋아지는 순간이 오기도 한다는 걸 배운다. 싫어한다는 건 잘 모른다는 의미이기도 한 것이다. 잘 몰라서 막연한 감각에 의지한 채 피했고 그래서 내내 몰랐을 뿐이다.

계절 속으로 들어가 바깥의 온도와 나의 온도를 맞출 때 만나는 고유한 감각이 있다. 나의 온도를 끌어올리고 뜨거움을 견뎌야만 만나게 되는 땀방울의 시원함처럼 계절이든 발레든 사람이든 완전히 들어가야만 볼 수 있는 맨얼굴들이 있다. 그 안에 푹 잠겨 봐야 톡 쏘는 매운맛이든, 비릿한 땀방울의 내음이든 비로소 만나게 된다. 숨겨졌던 의외의 매력을 포착한 기회는 활짝 열린 땀구멍과 함께 왔다.

민소매

매해 여름 도전에 그쳤던 민소매 입기를 시작했다. 십여 년 전, 세월과 함께 두툼하게 변한 팔에 놀라 이젠 안 되겠다며 기겁한 게 마지막이었다. 그 우람한 팔뚝이 그사이 달라졌는지 묻는다면 그저 웃는다. 다들 알다시피 그런 마법은 쉽게 일어나지 않아서 내 팔은 여전히 위풍당당한 자태를 뽐내고 있다. 그렇다면 다른 이들의 시선쯤은 무시하게 된 걸까? 그것 또한 아닌 것이 나는 여전히 누군가의 평가에 일희일비하고 어쩌다 마주친 무심한 시선에 의미를 부여하곤 한다. 그렇다면 오랜 시간 시도와 실패를 반복한 민소매 열망은 왜 다시 올라온 걸까? 그건 오히려 나이 듦의 결과에 가까웠고 투명 인간이 되고서야 알게 된 자유에서 비롯되었다.

> 아줌마가 되었다는 걸 깨닫는 순간이 있어. 사람들로 북적이는 버스정류장을 지나가는데, 아무도 나를 신경 쓰지 않더라고. 투명 인간이 된 느낌이랄까….
>
> _권혜진, 『피프티 피프티』, p.19(포춘쿠키, 2021)

권혜진 작가가 이십 대일 때 마흔을 갓 넘긴 선배에게 들은 말이라고 한다. 이 느낌, 나도 잘 안다. 중년의 여성에겐 눈길조차 아깝다는 듯 세상이 그 자취를 지워 버린 느낌 말이다. 언젠가부터 나 역시 그런 존재가 되었다. 주목을 바라는 건 아니지만 의미 없는 존재가 되어 간다는 건 꽤나 쓸쓸한 일이었다. 그런데 어느 날 문득, 이거야말로 기회가 아닌가 싶은 생각이 들었다. 아무도 주목하지 않으니 내 맘대로 걸쳐도 되는 거였다. 생각의 방향을 바꾸자 '소외'는 '기회'가 되었다.

발레를 시작하면서 몸매가 드러나는 옷에 익숙해진 것도 민소매 입기에 다시 도전한 계기가 됐다. 몸에 대한 생각이 조금씩 변화되었기 때문이다. 수영복처럼 생긴 레오타드와 분홍 타이즈를 처음 입은 날, 내가 받은 충격은 실로 대단했다. 옷은 필요 이상으로, 지나치게 솔직했다. 몸매 보정 효과는 물론이고 착시효과조차 허락하지 않은 탓에 눈을 어디에 둬야 할지 모를 만큼 민망했다. 수업이 시작되자 거울 앞에서 도망갈 수도 없어서 그 기분을 참으며 수업 시간 내내 나를 있는 그대로 봐야 했다. 생각해 보니 그동안 내가 본 레오타드는 전부 발레리나가 입은 모습이라 가늘고 긴 직선으로 이루어진 그들의 자태에 익숙해져 있었다. 그런데 거울 속의 내 모습은 어쩌면 이다지도 곡선뿐인지, 모르는 바는 아니었지만 많은 이 앞에 실루엣을 온전히 드러내는 건 또 다른 느낌을 가져왔다. 할 수만 있다면 움직일 때마다 불쑥불쑥 존재감을 드러내는 군살을 곱게 접어 넣고 싶었다. 내 몸을 긍정해야 한다는 걸 알면서도 발레 하는 몸에 대해 그간 쌓인 이미지 탓에 내 몸을 그저 숨기고만 싶은 부끄러운 덩어리로 인식했던 것이다.

다음 수업이 되자 헐렁한 티셔츠와 레깅스로 자연스럽게 손이 갔다. 역시 어느 정도 가리니 덜 부끄러웠다. 그런데 수업이 거듭될수록 딱 한 번 입어 본 레오타드의 쓸모를 자주 느끼게 됐다. 레오타드가 뿜어내는 필요 이상의 솔직함은 민망함을 선물하기 위함이 아니었다. 무용수가 근육을 제대로 사용하는지, 몸의 중심은 기울어지지 않았는지 한눈에 확인하기 위한 도구였다. 수업이 쌓일수록 "발레 무용수에게 레오타드는 엄숙한 의복"○이라는 말을 실감한다. 그들에게 레오타드는 춤이 요구하는 아름다움을 더 잘 표현하기 위한 수단인 것이다.

몇 번의 수업을 통해 타인의 시선에 대한 걱정 또한 기우였음을 알게 됐다. '다른 사람들은 의외로 나에게 관심이 없다'는 말을 익히 들어 왔으면서도 각종 외모 평가와 타인의 잣

○ 정옥희, 『나는 어쩌다 그만두지 않았을까』(엘도라도, 2021)

대를 가볍게 무시하지 못했다. 자꾸만 내 몸을, 내 몸을 바라볼 사람들을 의식했다. 그런데 웬걸. 진짜 모두들 자신에게 집중하는 것도 버거워했다. 나부터가 그랬다. 수업 내내 나는 내 엉덩이를 조이느라 분주했고 자꾸 솟아오르는 어깨에서 힘을 빼느라 바빴다. 다른 이의 봉긋 솟은 아랫배와 엉밑살 사정은 들여다볼 여유가 없었다. 각자 자신에게만 신경 쓰고 있다는 사실을 확인하자 스스로 껴입었던 코르셋 하나를 벗어던진 듯 시원했다. 수업이 계속될수록 몸을 드러내는 게 더 이상 부담스럽지 않았고 단출한 옷차림이 주는 가벼움에 매료됐다.

주목받지 않는다는 건, 투명 인간이 된다는 건 이렇게 반가울 수도 있는 일이었다. 물론 접힌 뱃살과 출렁이는 팔뚝, 튼튼한 허벅지에 흠칫 놀라는 건 여전하다. 하지만 수업 시간에 쌓인 구력 덕분인지 그 놀람은 금세 사라지고 굽은 자세와 근육의 움직임에 집중하게 된다. 보다 정확한 자세로 각 포즈의 라인을 표현하는 것이 눈에 띄는 살집보다 더 중요해진 것이다.

그래서 이제는 민소매쯤은 아무 고민 없이 집어 입는다.

민소매로 선택의 폭이 넓어지니 예쁜 옷은 어찌 그리 많은지. 이제는 허리에 구멍이 뚫린 원피스도 아무렇지 않게 입곤 한다. 팔 조금 덮던 천 조각이 사라진다고 얼마나 시원할까 싶겠지만, 민소매의 화력은 겨드랑이의 자유에서 온다고 할 수 있다. 팔을 들어 올릴 때마다 드나드는 바람은 팔 안쪽이 축축해질 틈을 주지 않는 데다 영화 〈색, 계〉에서 겨드랑이를 시원스레 뻗어 올리던 탕웨이가 된 것 같은 해방감은 덤으로 얻은 즐거움이다. 무엇보다 스스로에게 두었던 제한을 걷어내는 시도는 내 몸을 향한 부정적 자기 암시에서 벗어나는 기회가 되었다.

> 어떤 몸이든 각자 나름의 아름다움이 있다는 생각과 동시에 어떤 몸이든 초라하다는 걸 알았죠. 그리고 이 과정에서 모든 몸이 아름답다는 생각보다 더 자유를 준 게 모든 몸이 초라하다는 사실이었어요. 어차피 다 조금씩 예쁘고 초라하니까요.
>
> _유선애, 『우리가 사랑한 내일들』, p.311(한겨레출판, 2021)

'투명 인간'만큼은 되고 싶지 않다며 아슬아슬하게 남아 있는 청춘의 흔적을 끌어모으려 안간힘을 썼다. 나이와 함께 물들어 가는 또 다른 아름다움은 외면한 채 초라함을 꽁꽁 숨기려 했다. 누구나 갖고 있는 적당한 초라함을 그대로 보아주지 못했다. 그래서 나부터 나를 제한하고 지레짐작하며 뒤로 물러나 앉았다.

그런데 막상 투명 인간이 되는 나이에 들어서자 의외의 기쁨을 발견한다. 그 자리에서만 누릴 수 있는 특별한 자유에 도달한 기분이다. 스스로 그었던 한계의 바깥으로 한 발짝 두 발짝 내딛으면서 나를 제한한 타인의 시선들도 하나둘 벗게 된다. 그래서 민소매를 입는다는 건 입을 수 있는 옷 하나가 늘었다는 의미만이 아니다. 그건 솔직해지려는 노력이며 감추지 않겠다는 각오다. 많은 선택 중에 민소매를 꺼내 입는 건 출렁거리는 팔뚝 살을 부끄러워하지 않겠다는 다짐이고 다른 이들의 평가에 휘둘리지 않고 내가 좋은 건 눈치 보지 않고 시도하겠다는 선포이기도 하다.

그럼에도 '보는 눈'까지 달라진 것은 아니라 민소매 아래로 군살 없이 쪽 뻗은 팔을 볼 때면 여전히 부럽고 예뻐 보인다. 그놈의 '여리여리'에 매달리는 건 자동으로 생성되는 미적 감각 때문일까, 매스컴이 주입한 왜곡된 가치와 여성의 몸에 씌워진 편견 때문일까. 그것이 무엇이든 일단은 내 팔과 겨드랑이에 시원한 바람을 만끽할 권리부터 기꺼이 보장하련다. 선물처럼 주어진 자유 안에서 나이와 노화를 긍정하되 나를 가꾸는 사소한 시도 또한 멈추고 싶지 않다. 세상이 나를 투명 인간 취급하든 말든, 나를 향한 핀 조명을 내가 먼저 꺼서야 되겠는가.

도둑 발레

발레를 시작한 지 어느새 1년이 훌쩍 넘었다. 그런데 지금도 무슨 운동하는지 누군가 물어보면 스트레칭 한다고 적당히 얼버무린다. 수업 시간 내내 온몸을 늘려 가며 스트레칭을 하니까 거짓말이랄 수도 없다. 수영이나 필라테스를 한다고 할 땐 그러려니 하던 사람들도 '발레'를 한다고 하면 대놓고 놀란다. 내 몸을 위아래로 훑으며 '어쩌다' 시작했는지 궁금해 하는 반응이 부담스러워서 더 안으로 숨었다. 하지만 지금은 나만 아는 은밀한 기쁨으로 두고 싶어서 도둑 발레를 더욱 고수한다.

"그래 그래 너희 집엔 대리석 계단과 아름다운 정원, 그래 그래 너희 집엔 비단옷과 번쩍이는 보석, 그래 그래 너희 집엔 맛있는 음식과 공손한 하녀들, 하지만 우리 집에는 책 읽어주는 엄마가 있단다"◎라며 내적 자부심에 취한 어린아이처럼 나만의 은밀한 비밀을 누리는 기쁨이 꽤 크다. 기울인 노력만큼의 성과를 거두지 못하면 당장에 비효율적인 것으로 치부하는 세상의 덧셈 뺄셈에서 벗어난 자유로움이 좋다. 그 자유 속에선 나의 느린 속도에 안달하지 않게 된다. 거기엔 내 보폭으로 걸어도 괜찮다는 안심이 함께 숨어 있다. 내 몸 상태에 따라 기다려 주는 여유까지 보태지니 굳이 공개 발레를 할 이유가 없는 것이다. 이 느긋한 마음 탓인지 비록 주 1회지만 2년 가까이 빠지지 않고 했는데도 여전히 기본자세인 턴아웃조차 완벽하지 않고 몸의 축은 자주 흔들린다. 스트뉴나 피루엣 같은 자세와 턴은 할 때마다 비틀거려서 발레 한

◎ 유럽의 전래 동요

다는 말에 혹시 시키기라도 할까 봐 겁이 난다.

발레 수업 중에도 은근슬쩍 숨기는 게 또 하나 있다. 바로 '할 만한 마음'이다. 처음엔 숨도 쉴 수 없게 휘몰아치던 수업에 시간이란 마법이 더해지면서 조금씩 익숙한 것이 되었다. 그래서 아주 이따금이지만 '어, 할 만한데?' 이런 마음이 찾아온다. 그러나 그럴 때조차 몰아쉬는 숨과 절레절레 흔드는 고갯짓을 멈추지 않는다. 발레 메이트의 말처럼 발레는 해도 해도 맨날 힘든 것이라서 이것 역시 선생님을 아주 속이는 것은 아니다. 선생님은 언제든 수업의 강도를 높일 준비가 되어 있고 '할 만하다는 표정'은 그런 선생님께 빌미를 제공하는 것이 되기 때문에 각별히 보안에 신경 쓰고 있다. 선생님은 춤추는 동안 절대 힘든 내색을 하면 안 된다고 하셨지만 온몸과 표정으로 엄살을 부리지 않으면 또 다른 미션이 주어지거나 난이도가 훅 올라가는 탓에 나로서도 어쩔 수 없다.

그 엄살이 죄송해서 수업을 시작한 지 1년 된 날, 선생님께 작은 선물과 손편지를 드렸다. 선생님이 아니었다면 수많은 고비를 이기지 못하고 중도 하차했을 거라는 고백을 하고 싶었다. 다음 수업에 만난 선생님은 그에 대한 화답을 전했다.

"발레를 좋아해 주셔서 저도 감사해요."

기침과 좋아하는 마음은 어쩔 수 없이 티가 나는 게 맞았다. 발레가 좋아서 어쩔 줄 모르는 나의 마음과 업으로 삼을 만큼 발레를 사랑하는 선생님의 마음이 그 순간 만난 것 같았다. 그래서인지 '잘한다'는 말보다 '좋아해 주었다'는 선생님의 말이 나에겐 더 큰 칭찬으로 들렸다. 이유 없이 막무가내로 좋아하는 마음은 도둑 발레에 엄살 발레라는 궁여지책을 만들면서도 계속 이어지게 한다.

좋아하는 마음 하나로 시작해서 여기까지 왔다. 언제까지 발레를 계속할지 지금으로선 나도 알 수 없다. 그러나 분명한 건 지난주에도 했고 이번 주에도 했으며 다음 주에도 플로워 위에 설 거라는 사실이다. 그 흔적이 쌓이면 지금은 도무지 불가능할 것 같은 180도 데벨로페도 자연스럽게 하는 날이 올지 모른다. 그 가능성은 품는 것만으로도 내 몫의 기뿜이 된다. 다 자라서 낡을 일만 남은 나도 아직은 더 자랄 것이 남았다는 기대와, 내 호흡만큼의 걸음을 뗄 때 찾아오는 가뿐함을 즐기면 된다.

엄마는 딸이 1년이나 도둑 발레 중인지 모르고 나만 보면 걱정스레 말한다. "너도 운동 좀 해. 나이 먹을수록 운동해야 해." 그때마다 속으로 말한다. '엄마, 사실은 나 발레 해.' 엄마에게 이렇게 털어놓으면 어떤 반응이 돌아올까? 결국 하는구나 하실까? 아니면 그게 무슨 운동이니? 하시려나. 어쩌면 엄마도 딸 모르게 누리는 은밀한 기쁨 하나를 털어놓을지 모르겠다. 그게 무엇이든 서로를 위해 모른 척해도 좋을 듯싶다. 반백년 살았으면 아무도 모르는 은밀한 즐거움 하나쯤 가져도 되지 않겠는가?

플로워 위에선 누구나 동료

몇 년 전, 사십 대의 막바지를 지나며 더 늦기 전에 발레를 시작해야 하는 건 아닌지 심각하게 고민했다. 집 주변 학원을 알아보고 관련 책도 찾아보는 동안, 발레 하는 내가 떠올라서 살짝 설렜다. 하지만 현실에 가까워질수록 발레는 내게서 점점 멀어졌다. 학원에서 올린 동영상 속 수강생들뿐 아니라 강사들까지 과장 좀 보태서 딸뻘이었고, 찾아 읽은 책 속 저자들 중 늦은 나이에 시작했다는 이들조차 고작 삼십 대였다. 짐작 못한 것은 아니지만, 막상 확인하고 나니 마음이 가라앉았다. 발레복을 입고 그 공간에 들어가는 나를 상상하자마자 학창 시절 자주 실패했던 '주제 파악'에 자동 반사적으로 성공했다.

깨끗한 단념 뒤에 시간은 흘러 오십 대에 들어섰다. 그간은 젊다고 우기면 속아 줄 수 있는 나이였다. 그러나 이제는 아무리 용을 써도 더 이상 젊지 않다는 나이의 압박이 느껴졌다. 마흔이 되었을 때 느끼지 못했던 나이 듦의 변화는 오십이 되자 확연하게 다가왔고, 그 차이가 너무 선명해서 나도 알고 너도 알고 세상도 모두 알아차린 것 같은 기분이 들었다. 나를 둘러싼 세계가 삽시간에 변한 것처럼, 내가 있지 말아야 할 곳에 서 있는 느낌이 부쩍 자주 찾아왔다. 대학생 딸과 함께 '힙하다'는 카페나 식당에 들어섰을 때 나에게 쏠리는 시선과 잠깐의 정적을 마주할 때면 내 나이가 한여름 매미처럼 빽빽 울어대는 것 같았다. 그제야 가족 행사나 외부 모임에 자꾸 빠졌던 외할머니 마음이 어렴풋이 이해됐다. 함께 가자고 조르면 할머니는 "아유, 나이 먹은 할머니 누가 좋아한다고…"라며 말끝을 흐렸다. 아무도 뭐라 하지 않는데 편치 않고, 할 수 있다면 슬그머니 숨고 싶은 마음을 그땐 몰랐다.

그 마음은 겨우 반백살이 된 내게도 찾아와 발레 하는 젊은이들 가운데 섞인 나를 상상하는 것조차 어색하게 만들었다. 그럼에도 내 안의 열망은 쉽게 사라지지 않았다. 그 마음에 어떤 대답이든 하고 싶었다. 용기를 내어 어울리지 않는 듯한 자리, 있지 말아야 할 것 같은 자리로 나를 옮겨 세웠다.

마침내 시작한 발레는 망설인 시간이 무색할 만큼 많은 것이 좋았다. 레오타드라는 비슷한 옷차림은 나이를 희미하게 했고, 남에게 신경 쓸 새 없는 수업은 나이 같은 건 궁금해할 틈도 주지 않았다. 그중에서도 위축됐던 내 마음에 큰 위안이 된 건 선생님의 호칭이었다.

"정희 씨."

'회원님'이란 정 없는 호칭도 아니고 '어머님'이란 필요 이상으로 가족적인 이름도 아니다. '대체로 동료나 아랫사람에게 쓰는 호칭'이라는 '씨'를 붙여 정희 씨라고 부른다. 이름 뒤에 직함이나 '님'을 붙이는 게 익숙했던 터라 처음엔 어색했지만, 솔직히 좋았다. 나이는 많을지언정 나는 그분의 제자였고, 무엇보다 플로워 위에서 우리는 동료라는 걸 인정받은 기분이었다. 선생님의 호칭은 수업 분위기에도 알게 모르게 영향을 주어서 함께 수업하는 이들도 나를 나이 많아서 어려운 사람이라거나 나이 많으니까 못하는 게 당연한 사람으로 생각하지 않았다. 그래서 오지 말아야 할 데를 온 것처럼 쭈뼛거리면서 강의실에 들어간 첫날과 달리 두 번째 수업부터는 마땅히 내가 있어야 할 자리를 찾아가듯 당당하게 입장했다. 호칭의 위력에 기대어 '정희 씨'는 발레 하는 동안만큼은 나이 따위 지워 버린다.

플로워 위에선 누구나 동료임을 깨달아 놓고도 뿌리 깊은 내 안의 편견은 또 다른 모습으로 불쑥 찾아올 때가 있다. 발레를 시작하고 1년 6개월 만에 남성 수강생을 처음 봤다. 그때 속으로 무척 놀랐다. 그의 출현 때문이 아니었다. 남성 수강생이 있을 거라는 생각을 한 번도 하지 않은 나 때문이었다. 발레 복장이란 게 워낙 몸의 굴곡을 적나라하게 보여 주는 것이라서 갑작스러운 남성 수강생의 등장에 잠시 당황했다. 그런데 오히려 그는 전혀 개의치 않은 듯 편안하고 자연스러워 보였다. 자신의 동작과 춤에만 집중하는 그를 보며 제법 오래 발레를 해 왔다는 걸 알아챘다.

아마도 이십 대일 그는 전공생 같진 않았다. 나처럼 취미나 운동으로 발레를 선택한 듯했다. 그날 남성의 발레에 대해 처음으로 곰곰이 생각해 보게 됐다. 그의 시작은 어땠을지 상상하고 첫 수업에서 그가 느꼈을 감정을 가늠해 봤다. 나처럼 오래 고민했으려나. 수업 첫날 그를 에워싼 느낌은 무엇이었을까? 못 올 곳에 왔다는 낭패감이었을지, 마침내 한 발 들어선 자신에 대한 뿌듯함이었을지. 적게 잡아도 2년은 한 것 같은데, 지인들에게 발레 배운다는 얘기는 했을까? 꼬리를 물고 이어지는 상념 너머로 세상의 시선이나 편견 때문에 놓쳐버린, 사람들의 수많은 기회를 떠올려 본다.

> 여러분이 뭔가를 하겠다고 할 때, 그들은 묻습니다. 이건 정말 마법의 질문입니다. "그건 해서 뭐하려고 그래?" 힘이 쭉 빠집니다. 하지만 예술이라는 것은, 뭘 하기 위해서 하는 게 아니지요. 그것은 어쩌면 아무것도 하지 않기

위해서 하는 것인지도 모릅니다.

_김영하, 『다다다』, p.448(복복서가, 2021)

반백살의 발레와 남성의 발레, 그건 해서 뭐하려고 그러느냐 질문 한 방에 꺾이기 쉬운 풀잎처럼 약한 시도 아닌가. 갖가지 선입견과 편견 속에서 살아남기 힘든 의지가 아닐 수 없다. 나이와 성별이 붙은 순간, 폄하는 좀 더 쉬워지고 의아한 시선은 마땅한 힘을 얻기도 하니까.

나와 그의 발레를 지켜보며 내가 가진 선입견과 편견도 조금씩 깨뜨려 보지만 뿌리까지 캐내지 못한 '~답다'는 생각이 자동 반사적으로 떠오를 때가 여전히 있다. 그럴 땐 즉각적으로 떠오른 첫 생각을 의심하고 '이게 정말 맞나?' 곱씹어 본다. 그러다 보면 적어도 예전처럼 그 생각에 휘둘리지는 않게 된다. 선입견과 편견의 사각지대를 좀 더 넓혀 간 덕분이다.

같은 음악에 맞추어 춤추는 동안 그와 나는 나이와 성별을 잊는다. 그저 지금 하는 동작에 집중하면서 좀 더 정확하고 아름답게 표현하고자 노력할 뿐이다. 그날 이후로 그 남성 수강생을 다시 보지 못했다. 그러나 그날 플로워 위에서 각자의 춤을 춘 것처럼, 내가 모르는 그의 세상에서 그만의 춤이 계속 이어지길 응원하게 된다. 그렇게 각자의 플로워에서 삶을 가꾸다가 언젠가 클래스에서 만나 다시 함께 춤춰도 좋겠다. 반백살에 발레를 시작한 '정희 씨'의 바람이다.

레오타드 구입기

첫 번째 레오타드는 시작하고 한 달쯤 지났을 때 발레를 계속 하리라는 각오를 다지며 장만했다. 그때 난생처음 알게 된 레오타드의 세계는 파면 팔수록 새로운 것이 펼쳐졌다. 다양한 디자인과 색상이 쏟아져 나와 엄청 고민하다가 첫 번째이니만큼 기본 중에 기본이라는 검정 반팔 레오타드로 골랐다. 발레 스커트도 최대한 튀지 않는 하늘빛 도는 회색으로 주문했다.

처음 발레복을 입고 나선 날은 살짝 설렜다. 누가 알아볼까 봐 부끄러우면서도 선생님이 금방 알아채고 이쁘다 하시는 건 그것대로 좋았다. 그런데 막상 수업이 시작되자 동작을 할 때마다 레오타드 라인을 넘어 비집고 나오는 속옷이 신경 쓰였다. 그걸 가리려고 입은 스커트는 비치는 소재라서 안이 훤히 보이는 데다 레오타드 속에 손을 넣어 속옷을 고쳐 입기도 어려웠다. 수업이 끝난 뒤에야 대부분의 무용수들이 레오타드와 타이즈 안에 아무것도 입지 않는다는 걸 알게 됐다. 정 불편하면 레오타드용 팬티는 따로 입지만 상의 속옷은 대부분 챙겨 입지 않는다고 했다. 발레 시작한 지 겨우 한 달 지났을 때라서 속옷 없이 맨몸에 레오타드를 입는 게 민망하고 어색했다. 존재감을 내뿜는 BP에 익숙해질 때까지 시간이 필요했다. 결국 엄청 품을 들여 구입한 레오타드는 그날 한 번 입고 옷장 속에 고이 넣어 두었다.

이후 수업에 익숙해지면서 레오타드 차림이 주는 홀가분함이 자주 생각났다. 마침 발레 메이트들이 민망한 지점을 가릴 수 있는 방법도 알려 줘서 레오타드를 다시 꺼내 입어 봤다. 몸을 조이지도 않고 동작을 방해하지도 않는 레오타드의 기능을 체감할수록 발레복 욕심이 생겨났다. 장인은 장비를 탓하지 않는다지만, 취미 운동에 장비발만큼 구미가 당기는 것도 없지 않은가.

함께 수업하는 메이트들의 레오타드를 유심히 보며 두 번째 레오타드를 고르기 시작했다. 발레 1주년 자축이었다. 몇 달의 고심 끝에 한 번쯤 입고 싶었던 끈만 대롱대롱 달린 캐미솔 레오타드로 정했다. 겨울이라 날이 추운 데다 튼실한 상체를 가려 줄 뭔가가 필요할 것 같아서 긴팔 워머도 함께 주문했다. 추운 겨울과 봄 동안 참 잘 입었다. 그런데 여름이 점점 가까워질수록 긴팔 워머가 거추장스러웠다. 가뜩이나 힘든 수업이 더위 때문에 더 버겁게 느껴졌다. 그런데도 도무지 벗을 용기가 안 생겼다. 나보다 어린 2~30대 동생(?)들도 아직은 끈 달린 캐미솔 레오타드만 입진 않아서 훌러덩 벗기가 망설여졌다.

여름이 성큼 다가온 그날은 유난히 무더웠다. 통창 너머로 뜨거운 햇살까지 가득 들어와 수업 시작한 지 얼마 되지 않았는데 얼굴이 터져 나갈까 겁날 만큼 빨개졌다. 동작마다 두 배는 힘들었고 가뜩이나 무거운 몸은 천근만근이었다. 호흡도 부족했는지 어지럽기 시작했다. 어떻게든 참아 내려 했는데 큰일 나겠다 싶은 순간이 찾아왔다. 에라 모르겠다. 워머를 훌러덩 벗어젖혔다. 어찌나 살 것 같던지. 얇은 끈 하나 걸린 어깨는 큰 짐을 덜어 버린 듯 동작마다 가볍게 올라갔다. 그럼에도 헐벗은 내 모습은 부끄러워서 발레 메이트와 눈이라도 마주칠까 봐 거울 속의 나만 뚫어지게 봤다. 놀랍게도 수업 후 발레 메이트가 말을 걸어왔다. "레오타드 너무 예뻐요." 오해하지 말기를. 그렇다. 내가 아니라 레오타드에 대한 칭찬이었다.

그 칭찬은 내 안의 찜찜한 마음 하나를 조금 덜어 줬다. 고백하자면 두 번째 레오타드에 자신이 없었다. 레오타드는 디자인만큼이나 가격이 천차만별이다. 만 원대부터 십만 원을 훌쩍 넘는 것까지 디자인이나 색상 말고도 고려해야 할 게 너무 많다. 당연히 선택에 고민이 많았다. 발레를 언제까지 할지 모르고 가격에 따른 품질의 차이도 확인할 수 없어서 더 그랬다. 그래서 늘 그랬듯 저렴한 것을 골랐고, 받고 나선 역시나 후회했다. 예상했던 것보다 옷감이 두껍고 탄성은 떨어졌다. 아니나 다를까, 손빨래할 때마다 조금씩 늘어나는 게 눈에 보였다. 한번 사면 구멍 날 때까지 입을 텐데 너무 저렴한 걸 샀나 싶고, 다른 이들의 쫀쫀한 발레복이 떠오르면서 뭔가 부끄러웠다. 일 년 만에 구입하는 건데 나는 왜 오로지 싼 것만 찾았을까. 게다가 2만 원 남짓을 쓰고는 7~8만 원쯤의 품질을 바라는 건 무슨 욕심인지. 그런 행운을 바란 내가 한심스러웠다. 그리고 언제나 스스로에게 인색한 나를 다시 발견했다. 나를 위한 물건은 제일 먼저 포기했고 산다고 해도 가성비부터 고려했다. 남편의 궁상맞다는 말에 발끈하면서도 한참을 고르다가 결국은 가장 저렴한 쪽을 선택해야 마음 편했다. 그래 놓고 자주 후회했다. 이번에도 같은 패턴이었다. 지나치게 알뜰한 건 알뜰한 게 아니었다. 오랜 고민 끝에 구입한 것이 마음에 차지 않아서 또다시 검색을 시작했으니 말이다. 그런 나를 못마땅하게 여겼으면서 굳이 바꾸려 하지 않았다. 나는 물욕이 없는 사람, 알뜰한 사람이라며 스스로 취해서 살았다.

이건 돈에 대한 문제가 아니었다. 나를 소홀하게 대하고 가볍게 여기는 스스로의 마음이 더 문제였다. 가족들에게 필요한 물건은 허락된 여유 안에서 가장 좋은 것을 선택하면서도 유독 나에게는 언제나 인색했다. 이런 후회가 처음이 아닌데도 나는 왜 습관 같은 이 순환을 벗어나지 못하고 있었나. 문득 골절의 통증을 꾹꾹 눌러 참던 내가 떠올랐다. 그건 어느 날 갑자기 튀어나온 모습이 아니라는 사실에 생각이 닿았다. 일상에서 내가 나를 대우해 주지 않는 습관이 차곡차곡 쌓여서 위기의 순간에 나를 보살피는 힘을 방해했던 것이다.

세 번째 레오타드를 검색하다 보니 사이즈와 소재의 차이가 이제야 조금씩 보이기 시작한다. 이번에는 또 몇 달을 고민하려나. 가성비뿐 아니라 가심비까지 야무지게 챙기길. 인색함은 던져 버리고 나에게 조금 후해지길. 그렇게 나를 챙기는 사소한 걸음을 쌓아 가고 싶다. 그러다 보면 이런 내가 당연하고 자연스러워지는 날도 오겠지. 2주년에는 마음에 쏙 드는 레오타드를 나에게 선물해야겠다.

하라하치부

드라마 〈슬기로운 의사생활〉에는 인성과 실력을 겸비한 완벽한 의사 채송화가 등장한다. 그녀의 유일한 단점은 밥상 앞에서 이성을 잃는 것이다. 오빠 셋에게 음식을 빼앗기며 살아온 성장 과정 탓에 그간 놓친 음식을 만회라도 하려는 듯 매번 전투적으로 먹는다. 보다 못한 친구는 식사 전 외울 주문을 만들어 준다. “이거 다 내 거다. 누가 안 뺏어 먹는다. 나는 지성인이다. 나는 음식을 씹을 줄 안다.”

나 역시 누구보다 빨리 먹고 무엇이든 씹지 않고 넘기는 터라 밥상을 대하는 그녀의 모습에서 나를 보았다. 식탐이 있는 데다 먹는 데서 만큼은 내 몫을 스스로 챙겨야 한다는 삶의 경험치가 작용한 점도 비슷했다. 허겁지겁 식사한 뒤엔 자주 체했고, 생각 없이 잔뜩 먹고 나면 명치끝이 찢어지게 아프곤 했다. 그래서 채송화가 식사 전 읊는 주문이 귀에 와 꽂혔다. 나쁜 습관 좀 고쳐 보려고 나도 슬쩍 속으로 외워 봤다. '이거 다 내 거다. 누가 안 뺏어 먹는다. 나도 씹을 줄 안다.'

하지만 일단 먹기 시작하면 습관을 이기지 못하고 주문을 잊는다. 또다시 늘어난 위를 부여잡고 끙끙거리던 어느 날, 길고 긴 채송화의 주문을 대신할 짧고 귀여운 단어를 만났다. 하라하치부.

배가 부르기 전에 젓가락을 내려놓는다는 의미로 일본 오키나와 사람들에겐 평생 실천해야 할 건강 신념으로 통한다고 한다. 위가 80% 정도 찼을 때 그만 먹는 식사 원칙 덕분인지 오키나와는 세계적인 장수마을이 되었단다. 내가 그 단어에 주목한 건 장수 노인이 되고 싶은 욕심 때문은 아니었다. 평균 수명이 늘어나면서 사람들은 오래 살기만을 바라지 않는다. 그보다는 생의 마지막 순간까지 독립적으로 일상을 꾸려 갈 수 있는 건강을 소망한다. 일단 내 한 몸은 수월하게 거둘 수 있는 게 첫 번째다. 앉았다 일어서기, 가볍게 뛰기, 쭈그리고 앉아 발톱 깎기 같은 일상의 몸짓이 버거워선 안 된다. 그렇다면 가득 채우지 말아야 한다. 자기 주먹만 한 위는 도라에몽 보따리처럼 담는 만큼 늘어나기 때문이다. 늘어날수록 몰려오는 가짜 허기에 속지 말고 식사와 식사 사이에 찾아오는 적당한 배고픔을 반갑게 즐기는 것이 필요하다. 법정스님의 말처럼 우리는 그릇되게 먹어서 아프고 너무 먹어서 죽는다.

식사 때 읊던 하라하치부는 일상에서도 툭툭 튀어나와 곳곳에서 20%의 여백이 가진 힘을 발휘한다. 불과 3~4년 전의 나는 5분, 10분 단위로 시간을 쪼개 살았다. 일과 육아와 살림을 동시에 해내느라 바쁘다는 말을 입에 달고 다녔다. 그러면서도 시간의 빈틈이 보이면 촘촘하게 할 일을 채워 넣었다. 늘 피곤했고 자주 지쳤다. 뭔가에 쫓기며 사는 기분이라 사소한 일에도 화가 났고 자면서도 고단했다. 어느덧 시간은 흘러 아이들은 성인이 되었고 하던 일은 많이 줄었다. 이제는 그렇게 살지 않아도 됐다. 그런데도 시간과 효율이란 강박에 사로잡혀 살던 완벽주의자의 습관은 쉽사리 고쳐지지 않았다. 나를 그만 다그쳐도 될 텐데 짬만 보이면 어떻게든 할 일을 채워 넣는 습관은 20%는커녕 2%의 틈도 허용하지 않으려 했다.

발레를 할 때도 그랬다. 가진 에너지를 모두 끌어모아도 50분을 버티기가 힘들었던 처음을 지나 차츰 수업이 견딜 만해지면서 남는 에너지가 생겼다. 그러자 그것까지 탈탈 털어 쓰고 싶은 욕심이 어김없이 달라붙었다. 배움에 탄력이 붙었을 때 실력을 쭉 늘리고 싶은 욕심에 전문 발레 학원을 기웃거렸다. 때마침 집 근처에 새로운 학원이 오픈했길래 체험 수업을 신청했다. 고작 일주일에 한 번, 50분 수업이 전부였지만 반년을 꼬박 했으니 전문 학원 수업 70분도 어느 정도 따라 갈 거라 생각했다. 그 기대는 수업 시작과 함께 매트 위에서 무너졌다.

매트에서 진행하는 근력 운동의 횟수와 소요 시간만 보

아도 두 수업의 강도는 비교 불가였다. 문화센터 수업에선 복근운동으로 윗몸일으키기 위로 8번, 오른쪽으로 8번, 왼쪽으로 8번, 다시 위로 16번이라면 학원에선 그걸 몇 세트 반복한 다음 다리 들어 올리기, 엎드려서 들어 올리기, 그 상태로 버티기까지 추가됐다. 시작부터 어김없이 속이 울렁거렸다. 발레를 처음 시작했던 때로 돌아간 듯했다. 차차 익숙해질 거라 다독이며 꾹 참고 참여 시간을 늘려 갔다.

그러는 사이 수업 강도에 조금 익숙해졌고 허리와 다리에 힘이 붙는 것 같았다. 동작도 점차 그럴싸해지는 느낌적 느낌에 속아 당장의 힘듦을 꾸역꾸역 참아 냈다. 하지만 좀처럼 해소되지 않는 문제가 남아 있었다. 도무지 즐겁지 않다는 것이었다. 수업 전 살랑이던 설렘과 수업 후의 작은 성취감은 사라지고 그 자리에 긴장과 초조가 밀려왔다. 감당할 수 없는 짐을 이고 진 채 70분 수업을 버티다 보니 끝나는 시간을 조금만 넘겨도 짜증이 났다. 이런 마음으로 계속할 순 없었다. 100%로 채워야 제대로 하는 거라는 착각이 20%라는 여백에 담긴 즐거움을 빼앗아 간 것이다. 감당하기 힘겨운 과정은 새로운 경험과 시도에 담긴 좋은 자극마저 지워 버렸다. 다시 처음을 떠올렸다. 나는 발레리나가 되려던 게 아니었다.

욕심을 누르며 능력과 열망이 교차하는 지점을 찾아나갔다. 그 지점을 정확히 찾아 채워 가는 삶에는 무리가 없다. 에너지를 고갈시키지 않으면서 몸과 마음의 비상사태엔 언제든 꺼내 쓸 수 있는 에너지를 남겨 둘 수도 있다. 그 지혜는 일상의 모든 면을 가다듬어 준다. 여지를 남기는 것, 이만하면 충분하다는 자족감에서 진정한 만족은 비로소 시작된다. 과함은 부족함만 못하다는 격언은 괜히 있는 게 아니다. 나를 극한으로 몰고 가기보다 살살 달래 가며 80%만 채우는 미덕을 발휘할 때, 내게 진정 필요한 것이 무엇인지 발견한다. 그걸 찾는 여유는 때로 제한과 단절에서 비롯되기도 한다.

백 세가 넘은 고령에도 매일 글쓰기와 강연을 이어 가는 김형석 교수는 한 인터뷰에서 "하루에 내가 쓸 수 있는 힘의 양이 100퍼센트라면 90퍼센트만 쓰고 10퍼센트는 남겨 두자는 마인드로 여태껏 일을 해 왔어요"라고 말한다. 왕성하게 활동하는 등단 27년 차 김영하 작가 역시 본인의 라이프 스타

일로 '절대 최선을 다하지 않는 삶'을 꼽았다. 인생은 어떤 일이 일어날지 모르니 능력과 체력을 반드시 남겨 두어야 한다는 말도 함께 덧붙였다. 무리하지 않는 슬기가 몸에 밴 이들은 80%만 채우는 하라하치부를 식탁이 아닌 일상에서부터 이미 실천하고 있었다.

이는 관계에도 적용해 볼 수 있다. '세상에 열 명의 사람이 있다면 일곱 명은 내가 좋든 나쁘든 별로 관심이 없고 두 명은 내가 잘하든 못하든 싫어하고 한 명은 내가 어떤 일을 해도 좋아한다'는 말이 있다. 몹시 공감하면서도 나만은 열 명 모두에게 사랑받고 싶어 했다. 이런 예외를 소망한 순간, 나를 타인의 잣대에 맞추게 된다. 원치 않으면서도 인정 욕구에 휘둘려 마지못해 해낸 일들은 얼마나 많았나. 나를 좋아하지 않는 20% 사람들에게까지 인정받기 위해 그들에게 막강한 힘을 허락하곤 힘겨워했다.

'이것으로 충분하다'는 마음은 이미 가진 것에 집중하는 마음이다. 남겨 둔 20%가 아니라 배 속을 채운 80%에 주목하는 삶이고, 나를 싫어하는 두 명이 아니라 나를 아껴 주는 한 명에게 최선을 다하는 삶이다. 감당 못할 20%까지 쏟아붓는 것이 아니라 나를 세우고 조여 주는 80%에 열정을 다하는 삶이다. 하라하치부는 그런 일상을 돕는다. 필요 이상으로 주었던 힘을 슬그머니 빼고 나면, 그 자리에 '자족'이 자리를 깐다. 그 순간 마음 구석구석은 충만해진다. '더'를 앞장세운 욕심이 올라올 때면 하라하치부를 떠올린다. 그러니까 이 글도 여기까지만. 하라하치부.

센터 워크라는 독립

얼마 전에 클래스 레벨을 살짝 올렸다. 굳이 '살짝'이라고 보탠 이유는 클래스 1과 1.5 사이에 있는 1+로 반 단계만 올렸기 때문이다. 주 1회 50분이지만 그래도 1년을 했으니 1.5로 바로 갈지 잠시 고민하다가 내린 결정이었다. 처음에는 '더하기 표시 하나 붙었다고 뭐 얼마나 어려워지겠어'라며 조금 만만하게 생각했다. 그래서 1+ 수업 첫날, 어찌나 부끄러웠는지 모른다. 눈으로 따라잡기도 힘든 선생님의 빠른 발놀림에 정신이 번쩍 들었다. '한 손 바' 순서도 익숙하지 않은 처지인데 바 없이 맨몸으로 하는 센터 워크 시간은 늘어난 데다 동작의 난이도까지 어려워져서 이리저리 비틀거리며 중심을 잃고 헤맸다. 열 명이 서면 꽉 차던 센터가 허허벌판, 넓은 광야처럼 느껴졌다.

바를 잡고 할 땐 제법 익숙해진 동작도 맨몸으로 하자니 다시 처음으로 돌아간 듯 새삼스러웠다. 붙잡을 바는 없고, 의지할 건 내 몸뿐인데 중심을 잡고 몸을 세워 줄 근육은 지나치게 알량했다. 결국 4번 발과 5번 발로 그랑 플리에를 할 땐 그대로 주저앉았고, 아라베스크 동작에선 삽시간에 사시나무 떨듯 떨었다. 기존에 1+ 클래스를 수강 중인 메이트들을 봐도 〈헤어질 결심〉의 송서래처럼 꼿꼿한 건 몇몇뿐, 대부분은 나처럼 중심을 잡느라 애를 먹었다. 차라리 좀 빠른 음악에 맞춰 추면 나으련만 '아다지오'라는 시퀀스는 각 과정을 몸에 새기듯 무척 천천히 진행되어서 발과 다리가 단단하게 바닥을 딛지 않으면 제대로 서는 것부터가 쉽지 않았다.

그간 제일 어려웠던 그랑 플리에가 슬슬 수월해지고 다리에도 제법 힘이 붙었다고 느끼던 터라 센터에서 처음 해 본

아다지오의 엄청난 흔들림은 의외였다. 여덟 박자 동안 살짝 앉았다가 여덟 박자 동안 다시 일어나는 게 이렇게나 부들부들 떨 일인가. 직접 해 보지 않았다면 몰랐을 것이 세상엔 수두룩하다는 걸 발레 덕분에 수시로 알게 된다.

센터에서 몇 번을 넘어지고 어색하게 웃으며 일어서길 반복한 그날, 지금 이 시간이 바에서 독립하는 과정이란 걸 알았다. 독립에는 반드시 흔들림이 따르고 그런 자신을 보아 넘기는 시간이 필요하다는 것도 알게 됐다. 그와 더불어 자의든 타의든 계기가 있지 않고는 독립을 이뤄 내기 힘들다는 것까지 깨달았다. 그리고 맨몸으로 마구 흔들리는 나를 보며 세상이란 플로워 위에서 자기만의 춤을 추어야 하는 내 아이들과 그걸 지켜봐야 할 나에 대해 생각하게 됐다.

몇 해 전 아들의 독립을 정면으로 맞이하곤 예상 못한 상실감에 힘겨워했다. 350킬로미터 떨어진 대학에 입학한 아들을 기숙사에 데려다주고 온 날, 텅 빈 아들 방에 들어서자 하염없이 눈물이 났다. 부모라는 기댈 '바' 없이 모든 걸 스스로 헤쳐 나가야 할 아들이 짠하고 아이의 결정과 판단이 못미더워서 걱정됐다. 고등학생 때도 기숙사에서 지낸 아이라서 별다를 것 없다고 생각했는데, 왕복 9시간이란 물리적 거리가 주는 간격은 이제 완전히 내 품을 벗어난 아이를 받아들이라는 신호 같았다. 독립적으로 키운다고 노력했지만 심정적으로는 여전히 품안의 아이로 여기고 있었다는 걸 알았다. 무늬만 독립적이었을 뿐 함께 머리를 맞댔던 많은 순간에도 은연중에 우리 부부의 가치관을 주입하며 아이를 '또 다른 나'로 만들고 있었는지 모른다.

또 다른 나를 덩그러니 혼자 두고 온 기분을 떨치지 못해 몇 달이나 힘들었고, 어린 아들과 함께 걷는 엄마를 보기만 해도 눈물이 났다. 센터 워크를 할 때면 그 시간 속의 내가 떠올랐다. 자녀에게 부모는 기댈 '바'라고 생각했는데 그때의 상실감은 자녀 역시 부모가 기대고 의지하는 '바'와 같은 존재라는 걸 깨닫게 했다. 자녀의 독립은 부모 또한 자녀로부터 독립해야 한다는 전제를 내포하고 있었던 것이다. 데면데면한 줄 알았던 우리 사이의 밀착에 나조차 의아했던 그때, 아이와 연결된 정서적 탯줄을 끊어 내는 연습을 시작했다.

당연한 말이라 자주 잊지만, 육아의 목표는 자녀의 독립이다. 생활의 독립, 경제적인 독립뿐만 아니라 정서적인 독립까지, 별건의 독립이 각각 이루어질 때 비로소 제대로 된 독립에 다다른다. 이 세 가지는 톱니바퀴처럼 맞물려 있어서 서로가 서로에게 영향을 준다. 굳이 우열을 가리자면, 그중 가장 도달하기 어렵고 그래서 많이 실패하는 것은 정서적인 독립이 아닐까 싶다.

처절한 분만의 고통 뒤 환희와 함께 맞이한 탄생의 순간, 열 달을 한 몸으로 지낸 아이는 탯줄을 끊음으로써 독립된 인격체가 된다. 그러나 공교롭게도 바로 그때 정서적인 탯줄은 더 강하게 연결된다. 죽을 것 같은 고통 뒤에 들려오는 아이의 첫울음과 양수에 젖은 미끄덩한 새 생명이 가슴에 안기는 긴박은 한 몸으로 보낼 때보다 훨씬 더한 유대감에 휩싸이게 한다. 그런 엄마의 마음을 알 리 없는 아이는 자신의 힘으로 호흡하고 젖을 빨고 몸을 굴리며 끊임없이 독립을 준비한다. 그리고 마침내 자기만의 걸음을 내딛고 자기만의 집단에서 힘의 이동을 배우며 독립을 위한 태도와 가치관을 연습한다. 그때마다 부모는 아이의 모든 순간에 개입하면서 엄연한 타인인 자녀에게 자신을 이입하게 된다. 독립을 둘러싼 부모와 자녀의 어긋난 생각과 교감은 사춘기를 맞아 여러 형태의 갈등을 불러온다. 자기만의 세계로 달아나는 아이와 그 변화를 아직은 받아들일 수 없는 부모의 미련이 계속해서 팽팽한 줄다리기를 하기 때문이다. 그 순간이 부모가 정서적인 탯줄을 끊어 내는 기회가 되는 줄도 모르고 말이다.

아이를 하나의 독립적 개체로 받아들이는 것이 중요한 이유는 여럿일 테지만 개인적으론 이재철 목사님의 인터뷰에서 그 핵심을 찾았다. 이제는 유튜버 이승국과 가수 이승윤의 아버지로 더 유명한 이재철 목사님은 네 자녀를 두었다. 셋째인 이승윤 씨가 음악 경연 프로그램에서 1위를 하면서 그의 부모님에게도 관심이 모아졌는데 그때 알려진 이재철 목사님의 자녀교육관은 시사하는 바가 컸다. 그는 자녀교육에서 가장 중시하는 것으로 '바른 마음으로, 바르게 생각하고, 바르게 행동해서, 바른길을 가자'를 꼽는다. 그리고 그걸 위해서 자립과 예의, 정리 정돈과 봉사, 섬김을 갖춰야 한다고 강조한다. 내게 깊은 울림을 주었던 인터뷰 내용은 "그렇게 자란 아이는 무엇을 갖게 됩니까?"라는 질문에 대한 답이었다. 바로 '자기만의 영혼'이었다.

인생의 목적이 '나로 살아가는 것'이라면 반드시 지녀야 할 것이야말로 '나만의 영혼'이다. 그것은 아이의 것일 수만은 없다. 부모 역시 고유의 자신으로 살아가기 위해서는 자기만의 영혼을 잃지 말아야 한다. 서로의 독립적인 영혼을 위해 내 앞의 바에서 과감하게 손을 떼고 센터에 홀로 서는 힘을 키워야 한다. 분만대 위에서 휘몰아치듯 끊어 낸 신체적 탯줄과는 별개로 자녀의 정서적인 독립은 긴 시간 동안 쌓인 부모의 결단을 통해 이뤄진다. 바와 나의 적당한 거리를 찾아 일상에서부터 조금씩 정서적 독립에 다가가야 한다. 자가 호흡을 위해, 자기만의 판단과 선택을 위해, 그리하여 자기만의 영혼이란 자유를 누리기 위해.

분만대 위의 탯줄 자르기가 한 번에 싹둑 이뤄지는 거라면 정서적 탯줄은 그보다 질기고 두꺼워서 한 번에 성공할 수 없다. 시도가 늘어날수록 아이와 함께 나의 완전한 독립도 가까워진다고 믿으며 나아가는 수밖에 없다. 그 노력 끝에 맞이한 자녀의 독립은 단절을 의미하지 않는다. 지나치게 엉겨붙은 유착이 아닌 적당한 거리를 인정하는 유대감은 오히려 관계를 건강하게 유지시키는 정서적인 통로를 마련한다. 의무감이나 죄책감에서 벗어난 진정한 유대야말로 부모와 자녀의 교감을 더욱 풍성하게 만든다고 믿는다. 허락된 자유 안에서 느끼는 유대는 관계를 더욱 풍요롭게 하며 독립된 개체로 맺은 둘의 관계는 새롭게 익어 가는 기회가 된다. 어쩌면 그때 비로소 자녀와 부모라는 관계를 넘어 한 개인으로, 고유의 인간으로 인격적인 존중이 시작되는 것이 아닐까.

부단히 탯줄을 끊어도 자녀의 완전한 독립까지는 길이 멀다. 우리가 익히 알듯이 모든 노력이 언제나 성공을 예약하는 것은 아니며 원하는 결과를 보장하지도 않는다. 그러니 자녀 교육에 있어서 '완벽한' 성공이란 있을 수 없다. 허허벌판 같은 센터에 서면 일순 막막해지듯, 실패한 것 같은 순간마다 낙심될 수 있다. 하지만 비슷하게라도 해내려 노력하다 보면 지난주보다 덜 흔들리는 나를 발견한다. 상기하려는 마음가짐, 그 자체가 중요하다.

레벨이 오른다는 건 플로워에서 혼자 춤출 수 있다는 것이다. 인생의 레벨이 오른다는 것 역시 '홀로' 설 수 있음을 의미할 것이다. 텅 빈 아들 방에 앉아 하염없이 울었던 그날의 경험은 아들을 군대 보냈을 때 막강한 힘을 발휘해서 아들에게 미안할 정도로 아무렇지 않은 부작용(?)을 낳았다. 예방 주사 같았던 그때의 눈물이 아이와 나의 거리 조절에 큰 도움이 된 것만큼은 확실하다.

광야 같은 센터에 서서 흔들려 보니 비틀거린다고 창피할 것도, 주저앉는다고 망치는 것도 아님을 알게 된다. 지금의 춤이 마음에 들지 않거나 너무 흔들릴 땐 언제든 바 앞에서 중심을 다시 찾고 거리를 조정하면 된다. 마찬가지로, 아이와 나의 관계에서도 안전하고 넉넉한 간격 안에서 각자의 고유성을 발견하고 자기만의 영혼이 성숙하게 연결되는 지점을 발견하면 좋겠다. 그렇게 스스로 서 있다가도 균형을 잃고 넘어지려 할 때 가장 먼저 손을 뻗어 ‘바’를 찾는 것처럼, 힘들고 지칠 때면 언제든 기댈 수 있는 존재가 되면 좋겠다. 서로에게 그런 안심이면 족하다.

이름 껴안기

"정희 씨, 높은 파세 힘들면 낮게 하세요." '응? 이거 아닌가?' "정희 씨, 어깨 열고, 허벅지 끌어올리시고요." '여기서 더 올려야 한다고?'

그날따라 선생님이 나를 자주 찾았다. 수업 중에 지적받는 건 익숙했지만 그날은 유독 잦아서 슬슬 창피해지기 시작했다. 마음을 졸이고 있는데 선생님이 내 이름을 또 불렀다. 신경이 쓰였던 탓인지 나도 모르게 선생님 쪽으로 고개가 홱 돌아갔다. 그리고 곧 알았다. 다른 '정희 씨'의 존재를. 워낙 흔한 이름이라 어디서든 같은 이름을 마주쳤지만 취미 발레 수업에서까지 같은 이름을 만나게 되다니. 참 부지런한 정희들 아닌가.

어린 시절의 나는, 나무는 그저 나무일 뿐 왜 '나무'라고 이름 지었는지 궁금해하지 않는 적당히 단순한 어린이었다. 그래서 이름에 대한 만족과 불만족을 곰곰이 따져 본 적이 없다. 학창 시절에 '정희'란 이름은 무척 흔했고 어디서든 도드라지지 않아서 있어도 없는 듯한 익명성을 보장하는 매력이 있었다. 출석부에서 눈에 띄지 않는 이름은 마치 방패 같아서, 수많은 위기를 피해 가는 위력을 발휘하곤 했다. 그렇다고 내 이름을 열렬히 좋아했냐면 그것도 아닌 것이 '가을'이나 '물결'처럼 특별한 이름을 한동안 동경하기도 했다.

더 솔직해지자면 그 동경의 시작은 이름만이 아니었다. 독특하고 좋은 의미를 이름에 담아내는 친구의 부모들이 근사해 보였다. 아이에게 좋은 것을 주려는 애정과 성의가 이름에서부터 물씬 풍길 때면 친구가 막연히 부러웠다. 어린 시절의 나는 부모님을, 더 콕 집어 말하면 아빠를 얼마간 부끄러워했다. 가구점을 운영하던 아빠의 허름한 옷차림과 피곤에 지쳐 거칠어지는 모습이 어린 눈엔 창피했다. 단정한 옷차림으로 출퇴근하는 친구들의 아빠는 어찌나 깔끔하던지. 딸의 그런 마음을 짐작 못했을 아빠는 철제 책상을 어깨에 이고 5층 빌라를 오르내리며 억척스레 돈을 벌었다. 그렇게 모은 돈으로 당신을 부끄러워하는 딸에게 많은 것을 베풀었다.

부모의 울타리가 있었기에 가능한 것들을 내 능력과 노력의 결과라고 착각했다. 내 모습 중 무엇 하나 부모를 벗어나지 못했으면서 부모보다 나은 미래를 낙관했고, 나는 나의 근원을 능가할 거라는 자만에 사로잡혔다. 그때마다 아빠에게 받은 평범한 이름이 나와 걸맞지 않다는 생각을 잠깐씩 했다. 세상이 '나'를 중심으로 돌아간다는 사춘기 땐 특별한 나에게 어울릴 독특한 이름 생각에 푹 빠질 만큼 중증 사춘기병에 시달리기도 했다.

하지만 이것도 한때였을 뿐, 어린 시절의 나는 곧을 '정'과 빛날 '희'라는 이름을 그다지 의식하지 않고 살았다. 이런 내게도 이름에 얽힌 또렷한 기억이 하나 있다. 고등학교 때 수학 선생님께 들은 덕담이다. 출석부를 살펴보던 선생님은 내 이름을 부르더니 '이다음에 잘 살 이름'이란 말을 보탰다. 연세가 지긋하고 평소 말수가 적은 분이 남긴 뜬금없는 혼잣말은 진한 잔상을 남겼다. 처음으로 내 이름 자체를 각성했기 때문인지, 덕담 후에 칠판에 나와서 문제를 풀어 보라던 반전 때문인지 모르지만, 이름에 얽힌 유일하고도 좋은 기억으로 남았다. 그것은 이름의 근원인 아빠에 대한 부끄러움을 조금은 희석시켜 주었고 남들은 알 수 없는 내 안의 어떤 열등감을 희미하게 해 주었다.

학창 시절엔 학년과 반, 전공과 학번이란 또 다른 이름 뒤에 슬쩍 숨을 수 있었지만 직장생활을 시작한 뒤로 이름은 나를 대표하는 나 자체가 되었다. 그전보다 훨씬 자주 불렸고 언제 어디서든 나라는 사람과 동일시되었다. 그런데 어쩐 일인지 이름이 부각될 때마다 묘하게 불편했다. 어울리지 않는 모자를 뒤집어쓴 것 같은 느낌이랄까. 그즈음 이름과 관련된 기사 하나는 이름에 대한 내 불만을 더 키웠다. 전국 공무원 이름에 대한 기사였는데(이런 조사는 왜 한 걸까?) 당시 여성 공무원 중 1위를 차지한 이름은 김정희도 문정희도 아닌 이정희였다. (참고로 남자 공무원 이름 1위는 김영수였다.)

이름도 이름이지만 성까지 전국 1위를 차지하다니. 이쯤 되면 성도 이름도 지나치게 버거운 사랑을 받은 나머지 평범의 대명사가 되는 게 아닐까 싶었다. 고유 명사로서의 구별된 정체성은 바라지도 못할 평범 중에 평범을 대표한 기분이 반갑지 않았다. 정희를 만나는 일은 흔해서 얼마 전 참여한 독립출판 북페어에서는 '정희'란 이름의 작가가 둘이라 졸지에 '정희_B'가 되고 말았다. 어디에 가든 수많은 정희가 득실거리는 탓에 이름 뒤에 생년월일까지 매번 밝히는 것은 꽤 번거로운 일이다.

수학 선생님의 말처럼 내 이름엔 하늘의 운과 복이 담겼을지 모른다는 막연한 짐작은 이름에 대한 불만을 무마시키기에 역부족이었다. 그래서 못마땅한 순간마다 아빠에게 불만 섞인 투정을 늘어놓았다.

"아빠는 딸 이름을 뭐 이렇게 고민 없이 지었대?"

"네 이름이 어때서. 아빠가 돌림자 안 쓰려고 얼마나 공들여 지었는 줄 알아?"

"돌림자 썼으면 뭐라고 지었을 건데?"

"계희."

"……."

퇴사 후 결혼하면서는 불만스럽게 여겼던 정희라는 이름도 내 뒤로 쓱 숨어 버리고 '새아기'와 '누구 엄마'라는 이름을 갖게 됐다. 그리고 이어진 임신과 출산, 육아라는 쓰리 콤보를 해내느라 이름에 대한 감각조차 잊고 살았다. 몇 번의 선거를 거치며 내 이름이 유독 회자되던 때도 있었지만 내가 무엇이라 불리든 별 상관없는 시기였다. 한창 크는 아이들 돌보느라 바빴고 단절된 경력을 이어 줄 일을 모색하느라 분주했다.

그러다 개명 절차가 한층 간편해졌다는 소식을 듣고는 이름에 대한 고민이 다시 시작됐다. 마음만 먹으면 쉽게 바꿀 수 있어서 이참에 나도 바꿔 볼까 싶었다. 어떤 이름으로 할지 후보를 모아 적을 때부터 신이 났다. 그런데 한참을 모아

봐도 '이거다' 하는 느낌이 오지 않았다. 이 이름은 이래서 싫고 저 이름은 저래서 싫었다. 십수 년 전 수학 선생님이 했던 칭찬이 떠오를 때면 괜한 일을 만드는 건 아닌가 싶기도 했다. 그간 불러 준 이름의 기운이 내 인생에 얼마간의 영향을 끼쳤다면 그건 그것대로 좋은 것이 아닌가 하는 생각이 든 것이다. 이따금 독특하고 멋진 이름을 만나면 이참에 확 바꿔 버릴까 싶은 유혹에 또 빠졌지만 그 생각도 잠시, 이내 평범하기 그지없는 내 이름으로 다시 돌아오게 됐다.

뫼비우스의 띠를 따라 돌고 돌던 개명의 유혹은 몇 년 전 친정아버지가 돌아가신 뒤 모조리 사라졌다. 아빠가 지어 준 이름도 유산이라면 유산일 테니 기꺼운 마음으로 함께 가고 싶어졌다. 아빠가 세상에 남긴 사소한 흔적도 이제는 너무 소중해졌기 때문이다. 산산이 흩어진 아빠의 자취를 꼭 붙잡겠다고, 육신은 사라져도 기억 속에선 아직 살아 있다고, 내 이름을 놓지 않으리라 마음먹게 됐다. 아무리 근사한 이름으로 바꾼다 해도 아빠에게 나는 언제나 '정희'일 것이다. 수천 번도 더 불러서 지문처럼 새겨진 이름을 입고 아빠의 딸로 살아온 나는 변하지 않는다.

내 이름을 지은 아빠의 바람 덕분에 이제껏 무수한 다행을 마주하며 살아냈다. 출석부에서 도드라지지 않는 이름처럼 평범하기 그지없는 삶이 얼마나 이루기 힘든 일상인지 알게 된 뒤로 그것이 참 고맙다. 이름에 담긴 아빠의 진심을 뒤늦게나마 깨닫는다. 그리고 아빠를 껴안듯 내 이름을 안아 본다.

"정희야."

다정하게 부르던 아빠의 목소리를 무엇으로 대신하겠는가.

나이와 겨루기는 이제 그만

거울을 볼 때마다 속으로 흠칫 놀란다. 언제 이렇게 나이 먹었지? 좋아하는 책 제목이 절로 떠오른다. 『나였던 그 발랄한 아가씨는 어디 갔을까』. 그 생각은 헐벗은 모습으로 발레를 할 때면 더 자주 찾아온다. 아무리 애를 써도 내가 기대하고 상상했던 아름다움과는 거리가 멀다. 애쓰지 않아도 미적 감각은 자동으로 작동하는지 벽면 거울 속 내가 도통 마음에 들지 않는다. 근력과 유연성이 부족한 것도 서러운데 뭐라 표현하기 어려운 '태'까지 안 날 때면 여기저기서 존재감을 드러내는 나이가 야속하다.

그래서 이젠 사진 찍는 것도 반갑지 않다. 아무리 찍어도 마음에 드는 한 장 건지기가 어려워서 그렇다. 기본 카메라는 지나치게 솔직하고 보정 앱으로 찍은 건 너무 인위적이라 나 같지 않다. 자연스러운 주름은 아름답다거나 나이 먹으면 살집이 좀 있어야 보기 좋다는 말은 주름도 살집도 없는 이에게나 공감이 될 뿐. '자세히 보아야 예쁘다. 너도 그렇다'라는 말은 '적당히 가려야 예쁘다. 나도 그렇다'로 바뀐 지 이미 오래되었다. 미의 평준화에 도달하는 나이가 코앞인데도 가져 본 적 없는 매력을 여전히 갈망한다. 눈에 보이지 않는 지성이나 인품 말고, 확연히 보이는 아름다움을 부러워하는 건 죽고 나서나 사라지는 마음일까.

애슈턴 애플화이트는 젊어 보인다는 말은 칭찬이 아니라 차별이라고 하면서 "연령 차별은 결국 자기 자신에 대한 혐오로 바뀐다"[◦]라고 주장했다. 정희진 작가도 "사람들은 노

◦ 애슈턴 애플화이트, 『나는 에이지즘에 반대한다』(시공사, 2016)

화를 의식하면서 자기혐오와 싸우고, 자기보다 나이 많은 사람에겐 안도감과 우월감을 느낀다"면서 나이 듦은 타인의 시선을 내재화한 자기감정[◎]이라고 일갈했다. 이런 글이 나를 얼마나 깨웠는지 모른다. 하지만 그 문장들을 통해 잠시나마 내 나이를 긍정하는 것과는 별개로 시간이 갈수록 나이는 어떻게든 감추고만 싶은 무엇이 되어 버린 것이 사실이다.

세월은 그런 개인의 욕망쯤은 아랑곳하지 않고 공평하게 각 사람에게 머문다는 걸 안다. 그러나 상태의 쇠락이 가팔라질수록 현재를 유지하고픈 욕망은 함께 커진다. 주름과 잡티로 가득한 셀카에 실망할수록 실제의 나와 멀찌감치 떨어진 원거리 샷이 늘어났다. 하다 하다 그것도 안 되겠다 싶을 땐 나를 뒤돌아 세웠다. 막상 찍어 보면 뒷모습에도 표정이 있어서 사진들은 교묘하게 나를 감추면서 드러냈다. 핸드폰 속 사진첩은 곧 뒷모습으로 가득 찼고 SNS에 담긴 일상에서조차 내 얼굴은 자취를 감췄다. 그렇게 노화를 이유로 사진

◎ 정희진, 『나를 알기 위해서 쓴다』(교양인, 2020)

속에서 스스로를 퇴출시킨 것으로 부족했는지 얼마 전엔 그림자 실루엣만 담긴 사진을 올리는 지경에 이르렀다. 더 슬픈 건 그림자에 따라붙은 칭찬들. 나처럼 다른 이의 시선에 민감한 사람에겐 치명적인 단맛이 아닐 수 없다.

나이 드는 건 자연의 당연한 이치라고 그럴싸하게 말하면서도 '늙음'이 가져오는 변화엔 일일이 반응했다. 나이를 둘러싼 온갖 고정관념과 편견을 학습하듯 되새겼고 나이가 주는 여유를 들먹이다가도 그 말속에 숨은 체념의 뉘앙스를 슬퍼했다. 나이는 외모의 쇠락만 의미하지 않았다. 손가락 사이로 술술 빠지는 머리카락처럼 모든 면에서 자신이 없어졌다. '제3의 성'이라는 아줌마를 거쳐 무성無性에 가까운 나이가 된다는 데 반가울 리 없지 않은가.

자신감 뚝뚝 떨어지던 어느 날, 2020 도쿄올림픽 탁구 경기를 우연히 보게 됐다. 우리나라 국가대표 신유빈 선수와 룩셈부르크 니시아리안 선수의 경기였다. 언뜻 보아도 두 사람의 나이 차이는 확연했다. 해설가의 이야기를 들어 보니 니시아리안 선수는 58세로 이번이 무려 다섯 번째 참가하는 올림픽이라고 했다. 신유빈 선수는 17세. 엄마뻘이라고 하기에도 어마어마한 나이 차이였다. 팔은 안으로 굽는 법이라 우리나라의 탁구 신동 신유빈 선수를 응원했다. 그러면서도 마음 한구석에선 니시아리안 선수의 선전도 기대가 됐다. 많은 이의 예상대로 신유빈 선수는 젊은 선수 특유의 순발력과 지치지 않는 체력으로 강하게 밀어붙였다. 니시아리안 선수도 밀리지 않았다. 이따금 지친 기색은 보여도 공 하나하나에 쏟는 집중력이 대단했다. 주거니 받거니 아슬아슬한 경기 끝에 세트스코어 4-3으로 신유빈 선수가 승리를 거두었다. 니시아리안 선수는 엄연한 '패'였다. 그러나 경기 내용으로만 보면 졌다고 단정 짓기 어려울 만큼 멋진 경기운용능력을 보여 주었다. 그보다 더 근사한 건 경기 후 남긴 인터뷰였다.

"오늘의 나는 내일보다 젊습니다. 계속 도전하세요."

이 언니, 어쩌자고 이렇게 멋진지. 그의 말대로 인생의 수직선 위에선 같은 날도 반대의 의미가 될 수 있다. 가장 젊은 오늘로 살아갈지, 가장 나이 든 오늘이라 푸념할지는 온전히 개인의 선택이다. 그러나 이런 상념도 나이 듦을 긍정하는 것은 아니라는 걸 곧 깨닫는다. 어떻게든 젊고 싶은 욕망에 내 맘대로 삶의 방향을 이리저리 바꿔 본 것이니 말이다. 니시아리안 선수의 그 말은 나이 자체를 부정하는 것이 아니라 나이 때문에 포기하거나 주저앉지 말라는 응원이었고 잃어버린 젊음을 안타까워하며 나이에 연연하지 말라는 당부였다.

모든 이에게 매년 365일이 공평하게 주어진다. 하지만 8,760시간의 상댓값은 다르다. 분침과 시침의 속도는 저마다 제각각으로 흐르며 언제 갑자기 멈출지도 알 수 없다. 생각이 그렇게 흐르자 세상 소풍 먼저 끝내고 하늘나라에 둥지를 튼 가족과 지인들이 떠올랐다. 그걸 떠올릴 때면 어떤 이가 닿지 못한 나이들을 대신 터치하는 심정이 되고 만다. 나이를 먹는다는 건, 장차 할머니가 될 수 있다는 건, 수많은 행운의 결과임을 인정하게 된다. 지금의 나이 듦은 푸념거리가 아닌 환영해야 할 감사임을 깨닫는다. 내 나이를 긍정하는 것은 이제껏 살아온 나 자신을 긍정하는 일과 다르지 않다. 젊음을 그리워하면서도 '다시 돌아가고 싶은가?'라는 질문에 '네'라는 대답이 선뜻 나오지 않는 건 그만큼 열심히 살았다는 의미이기도 할 것이다.

유안진 시인은 「이래도 젊고 싶냐」라는 시를 통해 팔십이 된 지금의 평온과 젊은 날의 초조함을 바꾸지 않겠다고 한다. 끊임없이 치열했던 그 시절은 한 번이면 족한 것이다. 사실 청춘의 한복판을 지날 땐 오십의 중년을 보며 '무슨 재미로 사나' 싶기만 했다. 그런데 막상 이 나이까지 살아 보니 모든 나이에는 그 나이가 준비한 소소한 즐거움이 존재한다는 걸 알게 된다. 젊음이 줄 수 없는 안정감과 여러 인생 숙제 끝에 갖게 된 자유, 진심을 주고받는 소수의 친구들이 건네는 진한 소속감과 친밀감을 떠올리면 아침마다 여기저기 아픈 것쯤은 참을 만해진다.

그러니 나이 듦은 감정이라는 말을 기억하며 오늘 맞이한 행운에 집중하기로 한다. 행복을 뺏기지 않으려 아등바등 애를 써도 의기소침해지는 순간은 어김없이 찾아오지만 그럴 땐 빠져나가는 가능성을 나이 먹는 세금이라 여기며 기꺼이 내어준다. 팔자주름을 겁내기보단 이왕에 생길 주름이라면 웃음의 자리마다 고랑이 생기게 더 자주 미소 지어 본다. 수많은 시행착오와 방황 끝에 맞이한 이 나이의 평안은 얼마나 안락한가. 어떤 사람으로 무르익어 내 삶을 완결시킬지 사유할 수 있는 시간이 비로소 왔다. 더 이상 나이와 싸우고 싶지 않다. 그보다는 처음 마주하는 모든 나이를 환대하련다. 설레는 마음으로 그 시간들 속에 숨은 아름다움을 마중 나가고 싶다.

무용無用과 무용舞踊 사이

아침부터 인터폰이 울렸다. 순간 안 좋은 예감이 훅 끼쳤다. 이른 시간의 갑작스런 연락이 반가운 경우는 드문 법이니까. 경비실이었다. 아래층 천장에서 물이 샌다는 신고가 들어왔으니 방문해서 확인한다고 했다. '누수' 말만 들었을 뿐인데 갑자기 머리가 아파졌다.

경비실에서 나온 분이 우리 집과 아래층을 오가며 살펴보더니 두 층 사이 화장실 배관이 문제라고 했다. 두 집을 동시에 보면서 공사해야 한다며 일정을 맞춰 보라고 했다. 도배

나 바닥 공사까지 번지지 않은 게 그나마 다행이었다. 아래층 아주머니께 번거롭게 해서 죄송하다고 인사하자 아파트 구조상 어쩔 수 없는 일이라며 이해해 주신 것도 다행스러웠다. 난데없이 들어가게 된 큰 지출에 심란했고 공사 과정은 번거로웠지만 별 문제없이 공사를 마쳤다.

이후 다시 평범한 일상으로 돌아왔다. 그런데 어쩐 일인지 아래층 아주머니가 한 말이 자꾸 머릿속을 맴돌았다. 일정을 맞추면서 나눈 대화였다.

"제가 집에서 노는 사람이 아니라…."

딱히 틀린 말도 아니어서 당시엔 아무렇지 않았는데, 뭔가가 뒤늦게 거슬렸다. 그분의 번거로움을 충분히 이해했다. 직장 때문에 한나절을 빼는 게 쉽지 않았을 거다. 그러니 두 집 중 언제든 일정 조정이 가능한, 고정된 일정이라고 할 만한 게 없는 내가 맞추는 게 당연했다. 그때 나는 학기마다 진행하던 수업을 멈추고 매일 글을 모으던 중이었다. 바로 그 점이 내게 찜찜하고 불편한 마음을 주었다.

'노는 사람'. 어쩐지 그게 나를 말하는 것 같았다. 그분의 말을 곱씹을 것도 없이 나부터 그것에 반박하지 못했다. 경제적인 무능력자, 남편이 벌어 온 돈으로 책 사 읽고 글 쓴답시고 카페 가서 커피 사 먹는 팔자 늘어진 아줌마. 하다 하다 무용無用을 넘어 무용舞踊 한답시고 발레까지 시작했으니 이젠 '춤추고 노는 사람'까지 됐다. 웃긴 건, 백수라고 자기 비하를 일삼으면서 지인이 아니라고 해 주기를 기대한다는 거다. "일하시잖아요. 매일 쓰는 거 얼마나 어려운 일이에요. 아유 대단해요." 이런 말에 잠시나마 위로받길 원했다. 당장 돈이 들어오는 일을 택하는 대신 글쓰기에 집중하기로 한 내 결정이 틀리지 않았다는 확신을 남들에게서 찾으려고 매달렸다. 그런 와중이라 아래층 아주머니에게서 들은 '집에서 노는 사람'은 쉬이 지나가지 않고 마음에 맺혔다.

돌아보니 나의 진정한 백수 시절은 스물일곱, 결혼 전 10개월이 전부였다. 그때는 정말 집에서 놀았다. 엄마가 해 주는 밥을 먹고, 직장 다니면서 모은 돈을 야금야금 꺼내 쓰면서 운전면허를 취득하고, 요리와 꽃꽂이처럼 배워 보고 싶었으나 미뤘던 걸 번갈아 배웠다. 돈 들여 가며 배우기엔 비효율적이고 알아 둔들 쓸모 있을까 싶은 것들로 채워진 시간이었다. 24시간이 내 것이고 나만 돌보면 됐기에 그 시간을 맘껏 누렸다. 하지만 그때도 마음 한편은 찜찜했다. 다시는 사회에 발을 내딛지 못하게 될까 봐, 경제적 자립에서 영영 멀어지게 될까 봐 불안하고 초조했다. 그래서 이후로 언제나 '열심히' 살았다. 행여 스치는 기회를 놓칠까 싶어 붙잡으려 애썼다. 결혼 후 이어진 임신과 육아를 감당하면서도 그 상황에서 내가 할 수 있는 일을 끊임없이 찾았다.

폭풍 같은 이십여 년을 보낸 뒤 나이를 이만큼이나 먹었는데도 '노는 사람'이라는 단어는 영 익숙해지지 않았다. 그 말 뒤에 느껴지는 상실감과 초조함도 달라지지 않았다. 급격한 노안과 이전 같지 않은 체력은 물론이고 여기저기 아픈 곳이 돌부리처럼 튀어나오는데 나 자신을 증명하고 싶은 열망은 오히려 더 진해졌다. 하고 싶은 일과 할 수 있는 일의 격차가 눈에 띌 때마다 애꿎은 후회가 쌓였다. 그때 이걸 준비할걸, 그때 이랬다면 어땠을까? 과거를 후회하고 미래를 걱정하느라 마음이 고단했다. 이 시대에 '일'이란 개인의 정체성이

자 사회의 일원이란 증명과 같다는 글을 읽을 때면 일에 담긴 경제활동, 그 이상의 의미를 놓친 것 같아서 마음이 편치 않았다.

불과 얼마 전까지만 해도 나는 경제활동에 대한 강박에 사로잡혀 제안받는 일마다 무턱대고 해치우며 살았다. 커리어에 도움이 되는지, 일하는 보람과 즐거움이 충분한지, 그것도 아니면 시간과 노력에 합당한 수입을 보장하는지 묻지도 따지지도 않았다. 사회와 연결된 끈을 놓지 않으려고 부족한 체력이나 마뜩잖은 보수를 감수하며 때깔만 좋은 프리랜서 일을 이어 가고 있었다. 그러다 두 달 뒤 오픈하는 학원의 전임강사로 내정되었다. 조건이 맞아떨어지는 건 아니었으나 좀 더 안정적으로 사회에 발 하나를 걸치고 싶은 마음이 컸다. 15년 차 프리랜서에게 출퇴근 있는 삶이 버겁겠지만 체력만 버텨 준다면 불안정한 일 걱정에서 자유로워진다는 것도 좋았다.

직장이 결정되자 일상에 활력이 감돌았다. 특별한 일 없이 하루를 보낼 때면 어김없이 찾아오던 야릇한 죄책감은 사라지고 지금 누리는 여유는 곧 다가올 빠듯한 일상에 대한 보상처럼 여겨졌다. 나는 곧 일할 사람이라는, 엄밀히 말하면 돈을 벌 거라는 사실에 은은한 자부심마저 깔렸다.

그런데 나의 이런 속내가 무색하게 학원 측의 소송 문제가 불거졌다. 그대로 진행하기엔 나의 가치관과 상충하는 사안이었다. 갑작스러운 상황에 어떤 입장을 취할지 고민됐다. 개원까지는 아직 한 달 이상 남은 상태라서 고민의 무게를 저울 위에 올려 보았다. 흔들리던 저울은 이내 한쪽으로 기울었고 나는 출근하기도 전에 퇴사를 알렸다. 아쉬움이 없지 않았으나 삶의 가치를 지켜 낸 자부심으로 충분히 상쇄됐다.

그렇게 다시 무용하는 프리랜서가 되었다. 글을 쓰고 '집안일'도 할 테지만 남들이 보기에는 그저 '노는 사람'이 된 것이다. 다시 맞닥뜨린 상황에서 질문이 앞다투어 올라왔다. 정말 나는 노는 사람인가? 돈을 못 벌면, 당장의 성과가 없다면 집에서 노는 건가? 번듯한 일이 없는 나는 빈껍데기일 뿐인가? 한창 일에 치일 땐 전업주부의 노동 가치가 몇백만 원이라고 입 아프게 떠들어대 놓고 정작 전업주부라는 위치에 서자 왜 자꾸 스스로에게 당당해지지 못하는 걸까. 어쩌자고 집에서 노는 사람이란 말에 발끈하고 의기소침해지느냐 말이다. 나조차 부정했을지 모를 속내를 들킨 것 같아서 얼굴이 화끈거렸다.

일이 곧 나의 정체성이라면 '일'이 사라지고 난 뒤에 나는 무엇인가. 일을 통해 이루려는 자신에 대한 증명은 누구를 위한 것인가. 그걸 요구한 이가 있는지, 있다면 누구의 목소리인지 잠잠히 생각했다. 답은 의외로 쉽게 나왔다. 나의 증명을 요구한 사람은 아무도 없었다. 내가 무엇을 하든 하지 않든, 하는 일에 성공하든 실패하든 그것은 나에게만 의미가 있었다. 일이 주는 효용과 가치 또한 나에게 의미 있을 때만 소중해지는 것이었다. 배달의 민족 장인성 CBO가 『이게 무슨 일이야』에서 내린 일의 정의는 느긋한 마음까지 열어 주었다. 일이란 삶의 의미를 찾게 해 주는 것으로 반드시 경제적 활동이 아니어도 괜찮다며 일의 영역을 확 넓혀 주었기 때문이다.

나의 하루를 곱씹어 본다. 끝도 없이 생기는 집안일은 두 말하면 입 아프고, 식구들 입에 밥 한 끼 들어가려면 쉴 새가 없다. 장 보고 재료 다듬고 요리와 설거지의 무한 루틴에 몸을 맡겨야 한다. 게다가 사람이 살 만한 공간을 만들려면 매일 하는 청소와는 별개로 이따금 냉장고도 청소하고 베란다 바닥과 거울도 닦아 줘야 한다. 빨래가 며칠만 밀려도 팬티가 없네, 양말이 없네 하며 식구들이 허둥댄다. 해도 해도 끝없고 표 안 나는 게 어디 집안일뿐인가? 끝끝내 붙들고 있는 글쓰기는 하루도 쉬지 않아야 몇 줄이 겨우 모인다. 노후에 아이들한테 짐이 안 되려면 내 한 몸은 스스로 챙겨야 한다는 막중한 임무도 무시할 수 없다. 걷기와 읽기를 게을리할 수 없는 이유다.

장인성 CBO의 말대로 살아가는 이유를 알려 주고 삶의 의미를 찾게 하는 동력이 일이라면, 나는 매일 과중한 업무에 시달리는 중이다. 백수가 과로사한다는 우스갯소리를 들먹이지 않아도 나의 매일은 이미 빠듯하고 촘촘하니 말이다. 그러나 현실과 이상은 사뭇 달라서 말은 이렇게 해도 찜찜하고 불편하게 마음을 건드리는 일은 종종 생긴다. 그때마다 글 속을 헤매며 흐트러진 마음을 다잡고 스스로를 응원할 힘을 찾아 얻는다. 어떤 결과물이 나오지 않아도, 손에 잡히는 문장 없이 부유하는 것 같은 일상이라도 이것은 내가 선택한 것이고 그것이 얼마나 큰 용기인지는 내가 제일 잘 안다.

> 하야티는 잘 논다. 재미있는 건 노는 것에 대해 이전 세대가 보인 도덕적 강박이나 불안이 없어 보인다는 점이다. 하야티의 삶이 걱정스럽거나 불안해 보인다면 당신은 아마도 노동이 삶에 목표와 질서를 부여하는 시대를 살았던 사람일 것이다. 하야티는 놀면서 삶을 조직하고 이상을 향해 가고 스스로를 연마하고 세상에 기여한다.
>
> _어딘, 『활활발발』, p.228(위고, 2021)

'노는 사람'이라는 말 앞에서 여전히 머뭇거리는 나에게 어딘 작가는 말한다. 노동이 삶에 목표와 질서를 부여하는 시대에서 빠져나오라고. 근면, 성실은 기본 덕목이고 물질적 보상이 일의 가치인 시대에 계속 머물지 말라고. 그의 말처럼 나는 돈이 되지 않는 일엔 의미를 부여하지 못했다. 그래서 '노는 사람'이란 말에 발끈했던 것이다. 나에게 주어진 '일의 기쁨과 슬픔'을 제대로 생각해 본 적도 없이 일과 금전적 성취를 연결한 강박에서 벗어나지 못했다. 그러면서도 모든 노동의 가치를 존중해야 한다는 말을 쉽게 뱉었고, 그렇게 산다고 착각했다.

금전적인 보상과 순간적인 우월감처럼 부차적으로 따라오는 것들에 집중하다 보면 일의 진짜 의미를 놓치기 쉽다. '노는' 것의 가치도 쉽게 잊는다. 시킨 사람 하나 없지만 매일을 유지하며 끊임없이 해 온 나의 꾸준함을 평가 절하하게 되고, 그것이 나의 인격과 연결된다는 것을 쉽게 잊는 것이다.

반갑게 찾아온 각성은 다른 각도에서 일을 바라보게 했지만 후회가 취미이고 까먹는 건 특기인지라 그간의 강박을 쉽사리 끊지 못할 거라는 것도 안다. 그러나 미래에 대한 고민과 인정에 대한 갈구만큼은 이제 정말 끊어내려 한다. 20대엔 30대를, 30대엔 40대를 준비하던 예전의 나로 돌아가지 않기로 했다. 그저 현재를 살아내려 한다. 지금 여기서 내가 할 수 있는 일들을 쌓아 나간다. 그것이 볼품없어서 미래의 내가 점점 희미해지는 것 같아도 그 작은 일에 집중해 보기로 한다. 인생은 계획한 대로 흘러가는 게 아님을, 흘러 흘러가다 보면 예상치 못한 길로 안내하기도 한다는 걸 아는 나이가 된 것이다. 이왕에 먹은 나이, 끊을 건 좀 끊자.

이제야 알게 된 채소의 맛

쌈을 먹기 시작한 지 얼마 되지 않았다. 시골집 밭에 상추며 치커리가 지천에 흐드러졌지만 그걸 먹고 싶다고 생각한 적은 한 번도 없었다. 고깃집에서도 오로지 고기에만 전념했다. 다들 맛있다는 고깃집 된장찌개도 거들떠보지 않은 채 고기만 집중 공략하는 밉상을 자처했다. 야들야들한 고기를 뻣뻣한 채소에 싸 먹는 사람들을 오히려 이해하지 못했다. 그렇다고 채소 반찬을 잘 챙겨 먹었느냐 하면 그렇지도 않아서 예비 시부모님과의 첫 식사에서 김치를 비롯한 모든 채소를 멀리하는 습관을 들키고 말았다. "정희는 채소를 안 좋아하는구나. 통 먹질 않네." 오랜 시간 내 끼니를 챙겨 준 엄마도 어쩌지 못한 식습관인지라 시어머니의 한마디에 멋쩍은 웃음으로 무언의 긍정을 했다.

결혼 후 음식 솜씨 빼어난 시어머니 덕분에 채소 요리의 지경은 넓어졌지만 여전히 김치 없이 먹는 라면이 좋고, 나물이나 쌈은 물론이고 국과 찌개 속 채소도 먹지 않는 채소 제로 인간으로 살았다. 건강을 걱정할 일이 없으니 식성을 바꿀 필요도 느끼지 못했다. 그렇게 먹고 싶은 것만 먹으며 평생 살 수 있을 거라 생각했다.

그런데 2년에 한 번씩 건강 성적표를 받기 시작하면서 위험을 감지했다. 검진 결과가 담긴 성적표엔 지난 시간 방치했던 잘못된 식습관과 운동 정도가 각종 수치로 나타났다. 저혈압을 걱정하던 내가 정상 혈압을 거쳐 고혈압으로 가는 위험 구간에 들어섰고, 공복혈당도 당뇨병 전 단계 수치에 턱걸이하듯 걸렸다. 게다가 콜레스테롤 수치까지 눈에 띄게 늘어나 고지혈증을 우려하는 단계에 이르렀다. 이런 노골적인 지

표가 아니어도 여기저기 들러붙은 나잇살은 이전과 다른 몸을 실감하기에 충분했다. 일주일에 한 번씩 운동하면서 규칙적으로 내 몸을 살피다 보니 민감하게 변화가 느껴졌다. 사실 발레 수업 때마다 물결치는 군살쯤은 눈 한번 질끈 감으면 그만이지만, 수업 강도를 이기지 못해 기진맥진하는 건 문제였다. 확연히 약해진 체력은 더 이상 모른 척할 수 없는 지경에 이르렀다.

이쯤 되자 근거 있는 염려가 시작됐다. 갑자기 이렇게 나빠질 수 있나 싶어서 지난 검사의 수치를 점검해 봤다. 역시나, 갑자기가 아니었다. 아주 조금씩 변화는 진행되고 있었다. 체중은 여전히 적정 구간이라서 심각하게 받아들이지 않았을 뿐, 이미 5~6년 전부터 각종 수치가 상승곡선을 그리고 있었다. 게다가 지난 2년은 두 번의 사고 여파까지 고스란히 반영되면서 형편없이 더 나빠진 것 같았다. 언제까지나 눕고 싶은 만큼 눕고 먹고 싶은 대로 먹을 수 없었다. 피 속 사정은 금방 확인할 수 없으니 일단 확인 가능한 체중부터 줄여 보자 마음먹었다. 누워 지내는 동안 살금살금 불어난 몸무게를 원상 복구하고 이참에 군살도 좀 덜어내고 싶었다.

그러나 마음과 달리 나이 앞자리가 5로 바뀐 뒤로는 매일 만 보씩 걸어도 군살은 끄떡도 하지 않았다. 약간의 운동이나 한두 끼 가볍게 먹는 것으로 1~2킬로쯤 금세 조절할 수 있는 나이가 아니었다. 이젠 운동 못지않게 내 몸에 들어가는 먹거리 조절이 필수였다. 많이 먹지는 않지만(그렇다 치고) 음식에 대한 호불호가 확실한 편이라 작은 식습관 하나 바꾸는 것도 쉽지 않았다. 무엇보다 어디부터 어떻게 개선해야 할지 모른다는 게 문제였다. 검색 한 번에 각종 체중 감량방법이 주르륵 나왔지만 효과가 확실하다는 방법은 따라 할 수 없을 정도로 강도가 무시무시했고 과연 건강에 도움이 될지 의심스러웠다. 당류 제한 식단도 도움이 될까 싶어서 알아봤지만 탄수화물 의존이 심한 내가 지속하지 못할 게 뻔해서 아예 시도하지 않았다. 무얼 해야 좋을지 모르겠을 땐 목표부터 제대로 잡는 게 중요했다. 지금 내겐 체중 감량보다 몸에 이로운 식습관 만들기가 우선이었다.

문득 지인이 말한 식이요법이 생각났다. 내 상태가 이 정도인 줄 모르고 흘려들었던 터라 이름도 가물가물했으나 그 식단을 추천하던 지인의 생기는 선명하게 떠올랐다. 기억을 더듬어 검색해 보니 이미 유명한 방법인지 관련 정보가 많았다. 정확한 명칭은 FMDFasting Mimicking Diet. 한 달에 한 번, 5일 동안 육류와 열량을 제한하고 채소 위주로 식사하는 단식 모방 식단이었다. 미국의 장수학 연구소 소장인 발터 롱고 박사가 25년간 연구한 결과를 바탕으로 제시한 식이요법이라는 점에서 신뢰가 갔다. 하루에 먹는 섭취량도 적지 않아서 배고픔 없이 진행할 수 있다는 점과 몸이 부쩍 가벼워졌다는 지인의 후기도 마음에 들었다. 백문이 불여일행. 일단 시작해 보기로 했다.

정확한 계량을 위해 주방 저울을 준비하고 질 좋은 올리브 오일과 발사믹 식초를 구입했다. 5일 동안 먹을 견과류와 각종 채소까지 준비를 끝낸 뒤 첫날은 찐 고구마와 샐러드, 아몬드와 호두로 시작했다. 정해진 양을 하루 동안 나눠 먹는 방식이라 헛헛할 땐 견과류를 오독오독 씹어 먹었다. 허기에 시달릴까 걱정했는데 난데없이 두통이 몰려왔다. 첫날부터 낯선 증상이 나타나자 슬쩍 겁이 났다. 5일 내내 이러면 어쩌나 싶어서 관련된 내용을 찾아보니 두통을 호소한 후기가 의외로 많았다. 평소 탄수화물 섭취가 많았던 사람들에게 주로 나타난다는 설명을 보니 밥, 빵, 면으로 가득했던 그간의 식사 패턴이 탄로 난 것 같았다.

다행히 깨질 것 같던 두통은 다음 날이 되자 언제 그랬냐는 듯 사라졌다. 아침마다 딴 사람으로 만들던 부기도 줄어 가볍게 눈뜬 게 얼마 만인가 싶었다. 둘째 날부터 이어진 본격적인 채소 식단은 재료 본연의 맛을 고스란히 느끼게 해 주었다. 파프리카의 단맛과 당근의 고소함은 새로웠고 양상추의 아삭한 식감과 즙은 싱그러웠다. 몇 번 씹지 않고 대충 삼키던 식습관도 생채소를 꼭꼭 씹다 보니 조금씩 고쳐졌다. 이렇게 많은 채소를 먹어 본 적이 있었나 싶은 5일을 보내고 나자 몸이 가벼워진다는 지인의 말을 알 것 같았다. 매일 다른 식단을 준비하느라 아침마다 그날 먹을 음식을 계량하고 씻고 자르면서 내 몸에 들어가는 음식에 온전히 집중한 경험도 꽤 좋았다. 5일간의 식단을 마친 뒤 원래의 식사 패턴으로 돌아갔지만 과하게 부풀었던 위가 원래 크기로 돌아갔는지 조금만 먹어도 금세 배부름을 느꼈다. 그리고 생전 처음으로 채소가 먹고 싶다는 생각을 했다.

얼마 뒤 다시 돌아온 2년 만의 정기검진에선 정상으로 돌아간 혈압과 혈당 수치를 확인했다. 딱 한 번 시도한 식단 덕분이라고 하긴 조심스럽지만 식습관 전반에 어느 정도의 영향을 끼친 것은 확실했다. 무엇보다 제일 큰 장점으로 꼽을 수 있는 건, 체중 감량이나 빠져나갔는지 알 수 없는 독소 배출 같은 것이 아니라 채소 고유의 맛을 알게 된 점이다. 뻣뻣한 식감과 풀 비린내만 연상했던 나에게 자연이 품은 다양한 색과 맛은 놀라웠다. 그 맛을 알게 되자 라면이 얼마나 짠맛 덩어리인지 튀김 안에 축축한 기름이 얼마나 많이 스며 있는지 실감할 수 있었다. 채소 섭취를 늘리는 건 건강 수치의 변화만이 아니라 영양소의 균형 면에서도 선택이 아닌 필수였다. 그걸 깨닫자 그동안 놓친 채소의 맛과 효용이 아까웠다. 과일과 채소 섭취를 하루 여덟 배 정도 높이면 실업자가 취업했을 때만큼이나 행복감과 삶의 만족도가 상승한다는 연구 결과도 있다고 하니 채소 섭취는 여러모로 무해다익無害多益이라 할 수 있다.

관심이 생겨서 그랬는지 그즈음 SNS 글을 통해 알게 된 '채소과일 스무디'를 눈여겨보게 됐다. 하루 한 번 사과, 당근, 바나나, 양배추를 1대 1의 비율로 성글게 갈아 천천히 씹어 먹는 것이었다. 쉽게 구할 수 있는 재료인 데다 위가 좋지 않은 나에게 생으로 먹는 양배추는 약이 될 것 같았다. 비록 한 번뿐이지만 FMD 식단을 경험하지 못했다면 채소과일 스무디도 한번 맛보고 그만뒀을지 모른다. 그러나 나는 이제 채소의 싱그러움을 찾아 맛보는 어른 입맛을 장착하게 됐다.

이후 FMD 식단을 경험한 이들의 후기를 관심 있게 보면서 사람의 몸이란 얼마나 천차만별인지 다시 알게 된다. 그 차이만큼이나 식단 전후로 나타나는 증상과 체감하는 장단점은 각양각색이었다. 식단 전후의 체내 수분량과 근육량 차이를 언급하며 부작용을 우려하는 목소리도 있었다. 롱고 박사는 한 달에 한 번 진행하기를 추천했지만 나는 6개월 간격으로 두 번 해 보았다. 두 번째 경험 후 확실히 알게 된 건 체중 감량이 목적이라면 칼로리를 제한하는 것으로는 한계가 있다는 사실이다. 그보다는 탄수화물 위주의 식사에 길들여진 사람에게 채소 고유의 맛과 향을 발견할 기회가 되는 게 FMD 식단의 가장 큰 효용이 아닐까 싶다. 그 5일의 식단이 채소과일 스무디로 이어져 내 몸에 선물하듯 채소를 챙기게 된 것도 반가운 일이다.

FMD 식단이나 채소과일 스무디를 주변 사람들에게 조심스레 추천해 본다. 예전의 나처럼 반응이 뜨뜻미지근하다. 다들 아직 건강하구나 싶어서 다행스럽다. 당장은 아니더라도 식습관의 변화가 필요하거나 건강의 적신호를 확인하는 날엔 채소과일 식단이 떠오르면 좋겠다. 밑져야 본전이란 마인드로 식사 준비의 번거로움을 즐기며 건강 식단을 경험해 보길 바란다. 나이 오십에서야 알게 된 채소의 맛은 얼마나 다채로운지, 지금이라도 알게 되어 얼마나 다행인지. 혼자만 알긴 너무 아까워서 하는 말이다.

나의 글쓰기

발레를 시작한 후로 나의 글쓰기에 대해 자주 생각한다. 둘 사이에 비슷한 점이 많아서 그렇다. 발레와 글쓰기, 둘 다 아무도 나에게 시키지 않았다. 그냥 좋아서 한다. 당장 돈이 되는 일도 아니다, 하는 동안은 무척 힘들다, 그런데도 계속한다, 심지어 가끔은 짜릿하게 재미있다. 인생에 이런 건 하나로 족하련만 나에겐 둘이나 있다. 발레는 올바른 자세와 내 건강을 위한다는 명분이라도 있지, 대체 글쓰기는 왜 이렇게나 오래 이어지는 걸까. 나는 왜 글을 쓰는지, 나에게 글은 무엇인지가 늘 궁금했다.

얼마 전 글쓰기 강좌에 참석했다가 듣게 된 이야기는 그 의문을 더해 주었다. 온라인으로 글쓰기 모임을 진행 중이라는 한 수강생은 얼마 전 카페에서 첫 오프라인 모임을 가졌다고 한다. 여섯 명이 오순도순 앉아 그간 쌓인 글과 생각을 나누느라 분주했을 풍경이 떠올랐다. 그런데 아마도 서로의 이야기에 취해 목소리 데시벨이 자연스레 올라간 모양이었다. 잠시 후 뒤에 앉아 있던 남성분이 혼잣말을 가장했으나 모두의 귀에 또렷이 들리게 한마디 했다고 한다.

"요즘은 개나 소나 글을 쓴대."

졸지에 개, 소와 동급이 된 이들의 반응을 상상하기 어렵지 않았다. 수치심에 다들 어쩔 줄 몰라 했을 것이다. 그 감정은 글쓰기 강좌에 모인 우리에게까지 고스란히 전염됐다. 공동의 공간에서 지나친 소음을 유발한 것은 얼마든지 자제를 요청받을 수 있는 일이다. 만약 소음이 문제였다면 목소리를 낮춰 달라는 요청이었어야 했다. 그러나 뒤에 앉은 남성분의 말에는 소음에 대한 불편함보다는 글 쓰는 사람에 대한 반감이 담겨 있었다. 혹여라도 대화 속에 글 쓰는 걸 자랑하는 마음이 담겼던 걸까? 만에 하나 그렇다 해도 개, 소에 빗댄 비난은 정당해지지 않는다.

5~6년 전부터 '독립출판'이라는 새로운 출판 방식이 많은 이의 관심을 끌었다. 독립출판은 창작자 스스로 작은 출판사가 되어 자기만이 할 수 있는 이야기를 그만의 방식으로 세상에 내보이는 기회였다. 유명하고 대단한 작가의 전유물 같던 '책'이라는 매체에서 작지만 다양한 목소리들이 흘러나오기 시작한 것이다. 그즈음부터였을까? '읽는 사람보다 쓰는 사람이 많다'는 소리가 들려왔다. 독립출판과 자비출판을 뭉뚱그려서 편집자 한 사람 설득하지 못했다며 낮추어 평가하거나 책 한 권 출간하고 싶은 마음을 작가병에 걸린 것쯤으로 단정짓는 목소리도 있었다. 독립출판물을 출간한 사람으로서 그 말들이 마냥 유쾌하진 않았으나 나 역시 일정 부분 동의했던 건 내 안의 '작가병'을 모른 척할 수 없었기 때문이다.

나의 본격적인 글쓰기는 2012년 동화작가 교실에 참여하면서 시작됐다. 한창 독서 수업을 하는 중에 '이건 나도 쓰겠다'는 생각이 드는 몇 작품을 만났다. 그 동화들은 나를 단단히 착각에 빠지게 해서 겁도 없이 창작의 길에 들어서게 했다. 첫 수업에서 만난 김나미 작가는 우리에게 질문부터 던졌다.

"여러분은 글을 쓰고 싶은 건가요? 작가가 되고 싶은 건가요?"

그때 알았다. '이건 나도 쓰겠다'는 마음은 쓰고 싶은 마음에서 튀어나온 것이 아니라 '작가'라는 타이틀쯤은 나도 쉽게 가질 수 있다는 오해에서 비롯됐다는 걸. 작가님은 질문 하나로 내 안의 오만과 치기를 목도하게 해 주었다. 내 안의 작가병을 몰아내는 방법은 끊임없이 쓰는 것이라는 걸 선배 작가들의 수업을 통해 알게 됐다. 계속 쓰다 보면 작가라는 이름에 얼마나 깊은 고민과 숱한 포기가 담겨 있는지를 절감할 수밖에 없으니 말이다.

〈유미의 세포들 시즌 2〉에서 주인공 유미는 잘 다니던 직장을 그만두고 소설 쓰기에 도전한다. 매일 주어지는 자신만의 온전한 시간 동안 글을 쓰고 모으며 행복 별 5개를 모두

채운다. 그러나 오랜만에 동창을 만나 퇴직을 털어놓는 순간 별 3개가 한꺼번에 사라진다.

"나 직장 그만뒀어."

"아니 왜! 어쩌려구!"

"소설을 좀 써 보려고."

"그럼 너 무직이야?"

"아니 글 쓴다고."

"그니까 현재 무직이라는 거잖아."

그렇다. 글 쓰는 건 일로 받아들여지지 않는 것은 물론이고 진급한 친구에게 걱정을 보태는 일이 된다. 당장 돈을 벌 수 있는 것도 아니다. 책을 낸다 한들 읽는 사람은 점점 줄고 쓰는 사람만 늘어나는 형국이니 누가 읽어 줄지, 팔리기는 할지 의문이다. 글쓰기를 선택한 순간 대책 없는 사람이 되고, 쓴다는 사실만으로 '개나 소'가 되며, '작가'라는 타이틀은 한없이 가벼워지는 이때에 우리는, 나는 대체 왜 계속 쓰는 걸까?

나름의 답을 찾던 중 『혼자여서 좋은 직업』에서 구로다 나쓰코 작가를 알게 됐다. 그는 2013년에 일본 최고 권위의 신인문학상인 아쿠타가와芥川 상을 수상한 역대 최고령 수상자였다. 10대 후반에서 20대의 신예 작가가 타는 신인상을 75세에 수상하면서 세상을 놀라게 했는데, 그보다 더 놀라운 것은 그가 무려 70년 가까이 써 왔다는 사실이다. “그쯤(70대) 돼야 상품으로 내세울 수 있다”는 그의 철학에 따라 70대에 신인상에 응모했다는 것이다. 글을 쓰는 게 귀찮아진 적은 없느냐는 질문에는 “단 한 번도 없었다. ‘이것밖에 없다’란 생각이었다”라며 단호하게 답했다. 글을 쓰기 위해 교정 아르바이트를 하는 바람에 끼니만 때우는 생활이었지만 글을 쓸 수 있다면 그래도 좋았다[○]면서도 “10년에 한 편 정도 썼다. 살아 있는 동안 다음 작품이 나오긴 어려울 것 같다”라며 세상 느긋하다. 여러모로 놀라운 면모의 그는 “살아 있을 때 발견해주어서 고맙습니다”라는 당선 소감을 남겼다. 그의 말대로 평생 쓰는 삶을 살았지만 그 사실을 본인만 아는 채로 끝났을지 모

○ 중앙일보 인터뷰 기사. 2013.2.23.

를 일이었다.[○]

그를 언급한 책과 인터뷰를 보며 글쓰기란, 도무지 이길 수 없는 마음의 충동이 아닐까 생각했다. 어딘가에 나와 같은 생각을 가진 사람이 분명 있을 거라는 믿음, 비슷한 경험 속에 피어오른 낙심을 위로하고 행복은 같이 나누고 싶은 마음이 글쓰기로 이끈다. 글을 통해 하나로 연결되는 순간의 유대와 기쁨은 다음 글로 이어지고 그때마다 달라지는 나를 발견할 때면 일상을 온전히 내어주는 것쯤은 아무렇지 않은 것이 된다. 알아주는 사람 하나 없다 해도 단단해진 마음의 힘은 내가 먼저 알아차리게 된다. 이제는 좀 더 길게 생각하고 좀 더 멀리 보는, 적어도 그렇게 하려고 노력하는 나를 발견한다. 당장 끝난 것 같은 순간도 끝이 아님을, 인생은 언제나 예상 못한 행운을 숨겨 두고 있음을 말하지 않을 수 없게 만든다. 그 마음이 텅 빈 화면과 깜빡이는 커서를 견디게 한다. 그러지 않고서야 어찌 이토록 지난한 일을 매일 되풀이할 수 있

○ 권남희, 『혼자여서 좋은 직업』(마음산책, 2021)

단 말인가. 이제 겨우 두 번째 책을 엮는 초보 작가의 설익은 생각일지 모르지만 말이다.

장강명 작가의 책, 『책 한번 써봅시다』에서 보니 아이슬란드는 책을 한 권 이상 출간한 사람이 전체 인구의 10퍼센트나 된다고 한다. 열 명 중 한 명이 작가로 탄생하는 동안 왜 쓰려 하느냐는 질문을 하거나 받은 사람은 얼마나 될까. 그런 질문이 드문 사회는 타인의 이야기에 귀 기울이는 사회며 불필요한 자기검열에서 자유로운 사회라고 할 수 있다. 못내 부러운 부분이다. "직장 동료가 댄스학원에 다닌다고 하면 멋지다고 응원해주지, 언제 아이돌로 데뷔할 건지 궁금해하지 않는다"라는 문장에선 함께 발레 하는 동료들과 발레 수업에서 만난 단 한 명의 젊은 남성이 떠올랐다. 세상의 선입견과 편견에 지레 포기하지 않고 자기의 욕구에 냉큼 대답하는 건 얼마나 용감한 일인지. 그걸 근사하게 여겨 주는 사회는 정말 요원한 것인가.

글쓰기는 자신을 해체하고 다시 조립하여 더 나은 나로 향하게 한다. 내가 모르는 세계를 애써 이해하게 만들고 내가 모를 수도 있다는 걸, 내가 틀릴 수도 있다는 걸 수시로 깨닫게 한다. 적어도 나에겐 그렇다.

그래서 글을 쓰다 보면 '그냥 한다'는 말에 담긴 수많은 이유를 담백하게 받아들일 수 있다. 어떤 시도든 응원하고 재미있게 사는 이들의 모습에 배 아파하지 않으며 "그건 왜?"라는 질문으로 그들의 행복에 찬물을 끼얹지 않게 된다. 뭔가 대단한 걸 알고 있다는 듯 어설프게 가르치려는 수작도 단념한다. 그보다는 삶의 '재미'를 추구하는 이를 닮아 가고 싶어진다. 비록 '개'나 '소' 취급을 받는다 해도 말이다.

스스로 던진 질문에 답을 찾기 위해 오늘도 빈 페이지 앞에서 막막함을 견딘 모든 이에게 박수를 보낸다. 그 박수는 물론 나를 향한 것이기도 하다.

평가는 사양합니다

발레리나의 여리여리한 팔다리에 얼마나 많은 속근육이 자리 잡고 있는지 발레를 해 보기 전엔 몰랐다. 발레 전공자를 가까이에서 본 적이 없고 어쩌다 본 영상 속 발레리나들은 우아한 미소를 띠며 하나도 힘들지 않은 것처럼 춤췄기 때문이다. 그래서 양팔을 좌우로 펼쳐 들고 서 있는 알라스공을 직접 해 보기 전까지 발레에서 가장 중요한 요건은 몸을 쭉쭉 늘리는 유연성이라고 여겼다. 그러나 수업 첫날 다리를 빈틈없이 붙이고 서는 1번 자세를 한 후, 이런 기본자세도 제대로 해내려면 얼마나 많은 근육이 힘을 모아야 하는지 비로소 알게 됐다.

일흔에 발레를 시작한 덕출의 이야기를 담은 『나빌레라』에는 덕출의 나이 때문에 레슨을 거절하던 채록이 덕출을 테스트하는 장면이 나온다. 채록은 를르베까치발로 서서 한 다리를 90도 들어 올린 다음 덕출에게도 같은 자세를 해 보라고 한다. 일흔의 덕출은 한 다리를 30도 정도만 겨우 든 채 45초를 간신히 버티다 내리고 만다. 그걸 본 채록이 말한다.

"서 있는 것도 못하면서 무슨 발레를 해요."

솔직히 발레를 시작하기 전에는 '에계, 이게 무슨 테스트야. 받아 주겠단 얘기네 뭐' 그랬다. 그리고 수업 첫날, 같은 동작을 하면서 덕출 할아버지에게 얼마나 죄송했는지 모른다. 반백살에게도 쉽지 않은 동작을 일흔 어르신이 해낸 것이다.

발레를 시작한 지 1년 6개월이 지났으니 이젠 좀 나아졌으려나. 이런 기대도 직접 해 보기 전에는 쉽게 한다. 하지만 조금이라도 이 세계를 알게 되면 그게 큰 욕심이라는 걸 깨닫는다. 나는 여전히 그랑 플리에다리를 양 옆으로 벌리고 무릎을 굽혀 깊게 앉았다 일어서는 동작 후에 가뿐하게 일어서지 못한다. 아래로 향한 온몸의 무게가 대단한 데다 그걸 붙잡아서 중력을 거스르며 일어서게 하는 코어의 힘이 턱없이 부족하기 때문이다. 채록이 덕출 할아버지에게 주문한 90도 데벨로페를 할 때는 또 어떤가. 들어 올린 다리에 실을 매달아 위로 잡아당기듯 그 상태를 유지하며 발끝을 쭉 뻗어야 하는데 마음은 '영끌'이건만 들어 올리기가 무섭게 다리는 아래로 떨어지며 중력에게 지고 만다.

그래서 발레를 시작한 이후로는 뭔가를 판단하고 평가하는 것이 더욱 조심스러워졌다. 〈유 퀴즈 온 더 블럭〉에 출연한 이욱정 PD도 말한다. "요리학교를 졸업한 이후에는 남의 음식을 함부로 평가하지 못하겠어요. 그 세계를 잘 모를 땐 쉽게 평가했지만 내가 직접 해 본 다음에는 그 얘기를 함부로 못하겠어요. 이 요리사가 음식을 이렇게 만들었을 때는 어떤 이유가 있겠구나, 이 정도 만드는 것도 참 쉽지 않다…."

나를 겸손하게 만든 건 발레만이 아니다. 3년 전 독립출판물을 출간하면서 독자일 땐 몰랐던 책 만들기의 어려움을 제대로 배웠다. 뼈를 갈아 책을 만들어도 많은 에세이스트들이 "일기는 일기장에" "이런 건 나도 쓰겠다"는 일부 독자들의 감상에 노출되는 현실 속에서 나 역시 그런 평가를 만날까 봐 두려웠다. 그래서 적극적으로 후기를 찾아 읽지 않았다. 10개의 호평보다 1개의 악평이 훨씬 막강해서 몸을 사린 것도 있지만, 만든 이 스스로가 결과물의 약점과 아쉬운 지점을 그 누구보다 더 잘 알기 때문이기도 했다.

어떻게든 평가를 피하고 싶었던 나도 독립출판 에세이를 출간한 뒤, 평가는 피할 수 없는 것이 되어 버렸다. 이젠 불특정 다수에게 평가받는 자리에 스스로 올라가야 했고 더 많은 이의 평가를 기다리는 입장이 되었다. 그 과정에서 원치 않았지만 맷집을 키울 수 있었고, 비판에도 애정이 담길 수 있다는 걸 알게 되었다. 비난을 위한 비판과 더 나아지길 바라며 전하는 조언의 미묘한 차이를 알아차리게 된 것이다. 동시에 아무리 험한 비난일지라도 결과물의 솜털 하나 건드릴 수 없다는 무서운 진실까지 깨달았다. 칭찬이든 비난이든 결과물의 본질은 변하지 않는다. 그건 내가 만든 것에 책임을 져야 한다는 뜻이면서, 침범할 수 없는 내 고유의 안전지대를 확보하는 일이기도 하다.

평가가 두려워 출간을 포기했다면 나는 훌륭하든 부족하든 어떤 결과물도 품에 안지 못했을 것이다. 남들의 시선을 계속 의식했다면 발레 슈즈를 신는 일과도 영영 멀어졌을 것이다. 고백하자면 나는 평가하는 것에 누구보다 탁월한 재능이 있다. 필요 이상으로 예민해서 타인의 달라진 외모나 미묘한 표정에 감춰진 진심, 작은 행동이 알려 주는 상대의 됨됨이를 금방 알아채고 신속하게 판단한다. 걱정도 많아서 늘 부정적인 결과가 먼저 떠오르고 단점을 집어내는 능력 또한 출중하다. 내가 이렇다 보니 다른 이도 나 같을 거라 생각했다. 그래서 늘 평가의 단상 위에 세워진 나를 상상했다. 하나의 방향으로 모인 생각은 길을 만들고 결국 고속도로가 되어 저절로 나를 몰아갔다. 사람들이 죽는 그날까지 멈추지 않는 것이 '판단, 비난, 강요, 비교, 당연시, 합리화'라는 걸 알면서도 멈출 생각을 하지 않고 그것에게 고속도로를 깔아 주었다.

얼마 전 『씽킹 101』에서 '유창함이 일으키는 착각'[◎]을 읽으면서 내 안에서 수시로 움트는 평가의 싹을 보고 또 한 번 반성했다. 그 오류에 자주 빠지면서도 바꾸려 하지 않고 남의 사소한 평가엔 예민하게 반응하며 연연했기 때문이다. 누군가 어렵게 만들어 낸 결과물 앞에 "이런 건 나도 하겠다"라고 쉽게 내뱉는 사람들에게서 나의 모습을 발견할 때면 함부로 그들을 비난하려던 마음을 조용히 접어 넣는다. 그 대신 타고난 예민함은 평가하려고 늘 준비가 되어 있는 나를 알아차리는 데 사용하기로 한다.

남에게 듣는 좋은 평가만큼 달콤한 건 없다. 인정받는 거니까, 지금까지의 수고가 헛된 것이 아니란 의미니까, 고민 없이 지금처럼 하면 되니까. 이것만큼 산뜻한 것도 없다. 그런데 간혹 엇갈린 평가를 읽다 보면 평가 자체의 신뢰도에 의심이 생긴다. 모든 사람에게 좋을 수도 없으며 평판에는 수많

◎ 유창성 효과: 머릿속으로 떠올렸을 때 과정이 수월하게 그려지면 자신도 모르게 '이쯤은 나도 할 수 있다'는 착각에 빠진다.

은 변수와 운이 작용한다는 걸 그제야 깨닫는다. 삶의 목적은 타인에게 인정받는 것이 아니라 나 자신이 되는 것임을 잊지 않으려 한다. 나의 바람에 성실히 응답하며 살아도 삶의 끝에선 후회가 남는 게 인생이란 걸 생각하면 평가에 쓰는 예민함이 아까워진다.

타인의 기대에 완벽하게 부응할 수 없다는 진실을 깨닫는 순간에 한없는 자유가 밀려온다. 과감히 실망시키고 홀가분하게 내 길을 가면 그뿐이다. 평가하고 평가받는 단상에서 조용히 내려오기로 했다. 평가의 고속도로에서 빠져나와 나만의 오솔길을 걷기로 한 것이다. 누군가 나를 평가하려는 시도가 보이면 잠시 눈과 귀를 닫는다. 그건 긍정적인 평가조차 기대하지 않겠다는 의미이기도 하다. 칭찬이라는 그럴싸한 포장을 두르고 나를 조정하려는 의도를 보이면 빠르게 알아차리고 거기서 빠져나오려 한다. 칭찬에 연연하는 것 역시 평가에 휘둘리는 또 다른 모습이라는 걸 시시때때로 되새긴다. 잘한다는 칭찬이 때론 족쇄가 되어 나에게 무리를 요구한다는 걸 알게 됐기 때문이다.

평가는 지극히 개인적이다. 또한 무작정 신뢰할 수도 없다. 그러니 잊지 말아야 한다. 호평이든 혹평이든 평가의 대상은 변하지 않는다. 한 걸음 한 걸음, 그저 나의 길을 가면 된다. 그뿐이다.

‘바’와 ‘나’의 거리

발레 수업은 매트 워밍업, 바 워크, 센터 워크로 구성되는데 그중 ‘바 워크’는 처음에 ‘양손 바’부터 시작한다. 두 손으로 바를 가볍게 잡은 상태에서 1번부터 5번까지 발동작을 바꿔 가며 플리에, 탄듀, 쥬떼 등을 연습한다. 양손으로 바를 잡기 때문에 흔들려도 크게 넘어지지 않는다. 파트너와 춤출 때 서로 손을 잡고 의지하며 작용 반작용의 힘을 나누듯 내 앞의 바가 파트너인 것처럼 살짝 얹는 정도의 힘만 줘야 한다. 그런데 막상 양손 바를 할 때면 부족한 근육과 기울어진 중심 탓에

'바'라는 파트너에 한없이 기대게 된다. 몇 달의 연습 후에야 다리에 힘이 붙고 잠깐이지만 바를 놓은 채 중심을 잡을 수 있다. 그런 단계가 되면 '한 손 바'로 넘어간다. 가로로 앞에 놓였던 바가 내 옆에 세로로 자리를 옮기는 것이다. 이젠 파트너와 나란히 서서 같은 곳을 바라보며 한 손만을 잡은 채 춤춰야 한다.

일주일에 한 번뿐이지만 꾸준히 하다 보니 나에게도 한 손 바 워크를 하는 날이 왔다. 내 몸을 가로지르던 바가 자리를 옆으로 옮기자 전신이 고스란히 다 보여서 동작마다 더 시원스럽게 느껴졌다. 팔을 움직일 때도 걸리는 것이 없어서 더 크고 자유로운 움직임이 가능했다. 바에서 손 하나 뗐을 뿐인데 꽤 성장한 것 같은 기분이 들어서 살짝 뿌듯했다.

그러나 뿌듯함도 잠시, 손 하나 뗐을 뿐인데 좀처럼 중심이 잡히지 않아 애를 먹었다. 아니나 다를까, 거울 속의 나는 바를 움켜잡은 손에 잔뜩 힘을 준 채 바들바들 떨고 있었다. 넘어질까 무서워서 그런지 바에 너무 바짝 붙어 섰고 그 바람에 팔꿈치까지 바에 걸치듯 매달리고 있었다. 그건 내 힘으로 일어서고 뻗어 내는 힘을 아직 제대로 키우지 못했다는 방증이기도 했다. 나와 바 사이의 적당한 거리가 무너진 걸 알아챈 그 순간, 이유도 모른 채 멀어져 버린 한 사람이 문득 떠올랐다. 못 만난 지 벌써 수년이 흘렀으나 목구멍에 걸린 가시처럼 빼내지도 넘기지도 못한 채 원인을 곱씹던 중이었다.

우리는 하루가 멀다 하고 연락을 하는 사이였다. 안 해도 그만인 소소한 대화를 나누고 이따금 여행도 함께 다녔다. 여자 형제가 없는 내게 그 사람은 자매간의 우애를 알게 해 준 고마운 존재였다. 낯가림이 심하고 예민한 나에게 허물없이 친밀한 관계 맺음은 드물었다. 우리는 전쟁 같은 육아와 자녀 교육의 한가운데를 통과하며 수많은 선택과 좌절을 함께 나눴고, 상처 받아 아플 땐 치유를 위해 함께 고민하던 전우였다. 그래서 어느 순간 멀어진 걸 깨달았을 때, 바를 놓친 듯 넘어지면서 상처 입고 말았다. 멀어진 이유를 곰곰이 생각하는 동안 서서히 멀어지는 게 더 아프고 무섭다는 걸, 은은한 상처가 더 오래 간다는 걸 알았다. 시끌벅적한 다툼 뒤의 외면이라면 차라리 금세 잊을 텐데 별일 없이 멀어진 관계는 오히려 더 깊은 각인으로 남았다.

바에 손을 얹을 때면, 달라진 그의 태도와 마음을 잠시 그대로 보아 줄 순 없었을까? 하는 때늦은 아쉬움이 뒤따랐다. 약간의 거리를 두었다면 얼마 지나지 않아 아무렇지 않은 얼굴로 다시 마주했을지 모른다. 그가 더 노력해 주길 바라기 전에 내가 먼저 다가가고 더 표현할 수도 있었을 것이다. 그러나 나는 그러지 않았다. 멀어진 이유를 몰랐으나 굳이 알려고도 하지 않았다.

이제는 우리가 왜 이렇게 되었는지 물어보는 게 뜬금없을 만큼 관계의 유통기한이 한참 지나 버렸다. 지난 시간 속에 퇴색된 기억으로만 남아서 서로의 일상을 짐작만 하며 산다. 바 앞에서 두 손을 놓고 밸런스를 잡듯, 의지하던 마음을 끊어내고 나의 중심을 잡아야 하는 때가 왔다는 사실을 비로소 받아들인다. 동시에 우리가 나눈 수많은 일상이 그때의 우리를 성장시켰다는 걸 인정하게 된다. 그러고 나면 이제는 서로 다른 방향으로 흘러가 버린 우리의 인연이 애처롭지만은 않다. 우리의 인연은 여기까지였음을 인정하고 그가 내게 주었던 애정과 신뢰에 감사하면 될 일이다.

관계의 거리만큼이나 바와 나 사이의 적당한 거리는 수행하는 동작에 따라 매번 달라진다. 그러니 그때마다 조금씩 고쳐 가며 찾을 수밖에. 때로는 너무 힘주어 잡아서 바가 이리저리 휘청이거나 너무 가까워서 동작을 방해하기도 한다. 바에 너무 의지하지 말라고 선생님이 말하기 전에 이미 알고 있다. 한 번이라도 바에서 두 손을 다 떼고 균형을 잡아 보면 저절로 알게 된다. 중심은 스스로 잡아야 한다는 걸. 그 감각이 없으면 어떤 관계든 이리저리 흔들릴 수 있다는 것까지. 바의 존재를 인식하되 절대적으로 의존해선 안 된다는 이치는 발레뿐만 아니라 우리를 둘러싼 '관계'에도 똑같이 적용된다.

이만큼 사는 동안 이런저런 관계를 경험하면서 원칙이랄 수 있는 것이 생겼다. 그중 몇 가지를 공유하자면, 습관처럼 다른 이를 험담하는 사람에겐 좀처럼 마음을 열지 않는다는 거다. 많은 경우에 좋아하는 대상이 같을 때보다 미워하는 대상이 같을 때, 더 큰 동질감을 느낀다는 걸 안다. 함께 미워하고 같은 지점에서 화를 낼 때 진심이 통한 것 같은 느낌을 받기도 한다. 하지만 누군가와 어떤 이를 함께 미워할 때면 마음 한구석이 늘 불편했다. 그것 말고도 나눌 것이 많았음에도 찾아내지 못하는 나의 둔감함이 싫었다. 내가 험담을 싫어하는 천사 같은 성격의 소유자라서가 아니다. 그 화살이 언제든 나를 향할 수 있다는 걸 잘 알기 때문이다. 나 역시 미워하는 누군가를 마음에 담고 산다. 다만 드러내지는 않으려 애쓸 뿐이다. 말로 했을 때 더 강해지는 미움에 속고 싶지 않기 때문이기도 하다.

또 하나의 원칙은 내가 먼저 연락해야만 이어지는 관계를 위해 너무 애쓰지 않는다는 것이다. 나를 우선에 두지는 못할망정 마지못해 시간을 내거나 만남을 위해 작은 것 하나도 양보하지 않는 관계는 더 애쓴 쪽에게 상처가 된다. 그렇다고 준 만큼 돌려받아야 한다는 셈법을 적용하는 것은 아니다. 10을 보낸 성의에 5 정도의 다정함으로 대답하는 것이면 충분하다. 그마저도 허락하지 않고 한쪽의 애정을 당연하게 여기는 이들을 받아 줄 에너지가 이제 내겐 부족하다.

마지막으로 친구의 기쁨에 더 크게 반응하는 내가 되기로 했다. '슬픔은 나누면 반이 되고 기쁨은 나누면 배가 된다'를 믿고 살았다. 하지만 철이 들면서 알았다. 이 말의 절반은 맞고 절반은 불가능하다는 것을. 슬픔은 그것이 누구의 것이든 듣는 순간 연민이 저절로 올라온다. 연민은 쉽다. 그 마음엔 그 불행이, 그 슬픔이 내 것이 아닌 것에 대한 안도감도 분명 포함되어 있다. 그런데 기쁨의 경우엔 나눴을 때 두 배가 되기 힘들다. 특히나 그것이 나와 가까운 이의 것이면, 때로 그 기쁨은 나에게 와서 고스란히 질투나 부러움이 되어 버리고 만다. 누군가의 기쁨을 같은 마음으로 공감하는 것에 무수히 실패했음을 고백한다. 이제는 타인의 성취와 행운에 티 없이 깨끗한 축하를 보내는 사람이 되고 싶다. 적어도 애는 쓰려 한다.

나이 먹어서 좋은 건 드물지만 없지는 않다. 그중 하나만 꼽으라면 감정의 요동이 크게 줄었다는 것이다. 당장 큰일 날 것 같은 일을 만나고 도무지 견딜 수 없는 사람을 겪어도 결국 살아지는 삶을 보고, 듣고, 경험한 시간은 나를 예전보다 넉넉한 인간으로 만든다. 세상엔 대단하기만 한 일도, 아주 나쁘기만 한 일도 없다는 깨달음은 고집을 앞세우려는 나의 마음을 흔들어 놓는다. 그 깨달음은 관계에까지 번져서 이젠 새로운 사람을 만나려는 노력이나 멀어진 관계를 회복하려는 것에 지나치게 애쓰지 않게 한다. 나이와 함께 줄어든 에너지를 알아차린 몸이 쓸데없이 낭비되는 에너지를 줄여 나가는 섭리일지도 모르겠다.

그런 이유로 지금 내 곁에 남아 있는 사람들을 생각하면 더없이 고마워진다. 끝끝내 내 곁을 지켜 준 그들은 '목적' 없이 나를 대하고, 치명적인 단점을 알면서도 적당히 눈감아 준 사람들이다. 나를 향한 그들의 존중을 생각하면 훅훅 줄어들던 자존감이 바짝 오르기도 한다. 누군가에게 '수단'이 아니라(그럴 능력도 없지만) 있는 그대로 받아들여지는 '존재'로서의 나를 느낄 때, 나는 더없이 충만해진다.

한 손으로 바를 붙잡고 부들부들 떨어 본 그날, 내게 남아 있는 몇 안 되는 친구들에게 더 다정해지고 싶어졌다. 동시에 그 관계 역시 벌벌 떠는 마음으로 지키지는 말아야겠다고 생각했다. 무리하게 수행하는 발레 동작 후엔 몸 어딘가에 잘못된 보상이 반드시 끼어들게 되듯 관계 역시 무리하다 보면 잠재의식 속에 가라앉았던 비뚤어진 보상심리가 올라오기 마련이다. 바른 축을 찾으면 발끝으로 서도 흔들리지 않는 것이 발레다. 끊임없이 흔들리며 축을 찾다 보면 내 안의 흔들림도 마냥 두렵지 않은 순간이 온다. 흔들리더라도 결국 그 축을 찾을 거라는 믿음, 물 흐르듯 자연스러운 우정이 오고 갈 거란 기대와 희망은 여전히 곁에 남은 이들이 나에게 베푼 다정 덕분이다.

몸의 언어, 영혼의 언어

비트겐슈타인은 '언어의 한계는 세계의 한계'라는 유명한 말을 했다. 2, 30대엔 그 문장에서 앞으로 확장될 세계에 대한 무궁한 가능성을 보았다. 하지만 언어 세포가 쪼그라든 걸 매 순간 실감하는 지금은 내 세계마저 함께 좁아지는 것 같은 두려움 앞에 서게 된다. 세계의 축소를 조금이라도 늦춰 보려는 욕심에 열심히 읽지만 그때마다 다른 이의 드넓은 언어 세계에 감탄하고 초라한 나의 세계에 낙심한다. 그러나 쓰고자 마음먹은 이상 점점 좁아지는 내 세계를 두고만 볼 수는 없는 일. 새로운 언어를 길어 올릴 마중물을 부어야 했다.

그걸 찾아 책 속을 끊임없이 헤맸다. 헤매고 헤맨 끝에 집어 든 책의 갈래와 이야기의 범주를 확인할 때면 책만큼 취향이 확고한 것도 드물다는 생각을 한다. 그 선택에서 결국 넘지 못하고 만 희미한 선을 발견하기도 한다. 평소 산문을 즐겨 읽고 이따금 소설을 챙겨 읽는 지극히 평범한 독자라고 생각했으나 의식하지 못한 사이 나는 편협하고 고집스러운 독자가 되어 있었다. 좋아하는 작가가 생기고 추구하는 글의 결이 생길수록 선택의 폭은 더 줄었다. “한 권의 책은 우리 안의 얼어붙은 바다를 깨는 도끼여야 한다”는 프란츠 카프카의 말은 모른 척한 채 공부 못하는 학생마냥 아는 문제만 연신 풀고는 다 안다고 착각하고 있었다. 익숙한 관념과 받아들일 수 있는 가치만 복습하는 읽기는, 내 세계를 깨뜨리기는커녕 점점 더 공고해지는 자기 확신만 가져올 뿐이었다. 읽기를 쉬지 않는다는 자기만족이 오히려 독이 될 수 있다는 생각에 아찔해졌다.

그 패턴을 벗어나고 싶어서 평소 읽지 않는 분야를 기웃거렸다. 가장 먼저 눈에 들어온 건 '시'였다. 언제나 궁금한 세상이지만 답을 알려 주지 않는 수수께끼를 푸는 듯 답답해서 가까워지지 못했다. 짧은데 제대로 읽어 내기 어렵고, 짧아서 이해하지 못한 의미를 들여다보기 시작했다. 시인의 벼리고 벼린 언어들이 좁아진 내 세계를 확장시키고 굳어 가는 뇌세포를 조금은 말랑하게 해 줄 거란 기대에서 비롯된 시작이었다. 그런데 어찌 된 게 시를 읽을수록 언어의 한계는 세계의 한계라는 비트겐슈타인의 말만 더욱 실감하게 된다. 시의 세계는 너무 높고 은유의 바다는 너무 깊어서 나 같은 독자는 온전히 알지 못하고 수면에서 깔짝거릴 뿐, 시라는 도끼는 내 안에 얼어붙은 바다에 닿기엔 너무 멀었다.

그럼에도 시는 어디서도 만나지 못한 종류의 아름다움을 갖고 있었다. 발레의 아름다움에 매료되어 몸의 언어를 배우듯 시 역시 내가 아는 만큼 느끼면 된다는 생각으로 읽기를 놓지 않았다. 그 언어를 모두 이해하고 내 것으로 만들지 못하더라도 몸과 영혼의 언어를 가까이하다 보면 내 안 어딘가에 스며들 거란 기대였다. 그렇게 두 세계를 동시에 만나는 사이, 둘 사이의 평행이론이라 이름 붙이고 싶은 유사한 부분을 발견했다.

첫 번째는 둘 다 금세 알아듣지 못한다는 거다. 발레 선생님이 자주 하는 말이 있다. "호흡은 위에 두세요." "갈비뼈는 닫고 엉덩이는 잠그세요." 어떤 느낌인지 어렴풋이 알지만 두고 온 호흡을 내리는 방법도, 열린 줄 몰랐던 갈비뼈와 엉덩이를 잠그는 것도 확실하게는 모르겠다. 선생님은 이제 하다 하다 "발란세 발란세 쑤스 스트뉴 앙드당 글리사드 아쌈블레 샤세 샤세 파드샤 톰베파도브레 그랑쥬떼"라며 염불처럼 시퀀스를 읊는다. 선생님에겐 그 어떤 언어보다 친숙한 언어지만 나에겐 여전히 초면 같은 제2외국어라서 짐작만 열심히 한다. 2년 가까이 수업했어도 아직 생소한 단어가 많고, 안다고 해도 동작이 머릿속에 금방 떠오르지 않아서 그렇다. 이해하는 것과 그 언어를 몸으로 표현하는 것 사이의 간격은 생각보다 많이 멀었다.

시 역시 작가의 의도와 생각을 단번에 알 수 없다. 맨얼굴 그대로를 드러내는 게 부끄러운 나머지 시인들은 수수께

끼 같은 시어와 비유 속에 은밀하게 숨어드는 걸까? 꽁꽁 숨은 시인의 진심을 알아챌 때 독자가 얻는 감정의 명암은 더욱 강렬하겠으나 시인이 작정하고 숨긴 맨얼굴을 찾아내는 건 쉽지 않다. 그래서 한 권에 담긴 모든 시를 이해하겠다는 다짐은 만용에 가깝다. 마치 이 정도 수업했으면 발레 언어가 몸에도 스몄을 거라는 기대가 어리석은 것처럼.

가볍고 헐렁한 마음으로 발레를 하고 시를 읽는다. 그러다 보면 몸과 영혼의 언어가 자연스럽게 다가오는 순간이 생긴다. 마땅하다 생각했던 것들이 결코 마땅하지 않음을 알게 되고 뻔한 감각들이 얽히면서 낯선 감각을 선사한다. 시와 춤이 쌓이는 동안 내 세계가 더 넓어졌는지는 단번에 가늠하기 어렵다. 다만 다 이해해야 한다는 강박은 조금씩 잦아들어서 이해할 수 없는 문맥과 어휘가 나타나도 당황하거나 놀라지 않는다. 나에게 밀려온 만큼만 받아들여도 시는 충분히 아름답고, 감당할 수 있는 만큼만 익혀도 어제보다 흔들리지 않는 아라베스크에 가까워진다.

두 번째로 비슷한 부분은 내 세계를 넓힌다는 것이다. 시를 챙겨 읽고 나서야 우리나라에 시인이 이렇게나 많다는 걸 알게 됐다. 시를 읽지 않는 시대에도 그들은 쓰기를 멈추지 않았고 지금도 꾸준히 쓰고 있다. 독자의 뜨거운 사랑이 따라주지 않아도, 때론 곡해될지라도 개의치 않고 자신의 세계를 구축해 간다. 어디로 뻗어나갈지 모를 시의 전개처럼, 시는 생각의 가지들을 무럭무럭 키워 낸다. 언어 세포가 쪼그라들 때마다 나의 세계도 좁아질까 두려워서 챙겨 읽기 시작했지만, 시는 세계의 확장을 넘어 나의 세계를 좀 더 뾰족하게 들여다보게 한다. 두루뭉술하게 세계의 크기만 키우는 것이 아니라 집요하게 물고 늘어져야 할 부분을 캐내기도 한다. 그것을 따라 파내려 가면 옹졸하고 인색한 마음밭이 보여 슬그머니 부끄러움이 밀려온다. 시를 읽는 건 내 안의 진짜 마음을 끌어올려 직면하는 것이었다.

몸의 언어를 알려 준 발레 역시 그렇다. 전 세계에서 활약하고 있는 발레리나, 발레리노의 소식에 귀 기울이게 하고 토슈즈 안에서 온몸의 무게를 감당하고 있는 발가락을 상상하게 만든다. 그 관심과 상상의 힘은 좋아하는 것을 위해 힘듦을 감수하는 의지를 응원하게 하고, 눈에 보이지 않는 타인의 내밀한 고통을 능히 짐작하게 만든다.

몸과 영혼의 언어를 배워 가는 나를 보며 왜 하필 이 세계, 시와 발레여야 했는지 자주 생각한다. 그저 짐작하기는 내 안에 고여 발화되지 못한 언어들과 어딘가로 흐르지 못하고 썩어 버린 감정들을 흘려보낼 배수구가 필요했다는 것. 시와 발레의 세계에 머문 동안 수수께끼처럼, 농담처럼 감췄던 진짜 내 마음을 본다. 한번 추면 사라지는 장면 속에 컬컬했던 감정을 담아 보기도 한다. 그래서일까. 미처 이해하지 못한 두 언어를 가까이하는 동안 뭉치고 얽힌 답답함보다는 뭔가 해소된 듯한 시원함이 종종 찾아온다. 몸과 영혼을 어루만지는 새로운 언어는 점점 완고해지는 나에게 풀무질과 담금질과 무두질이 된다. 그 뜨거운 바람과 열기, 찰진 두드림 속에서 나는 더 유연하고 덜 까다로운 사람으로 빚어진다. 더 부드럽고 덜 빡빡한 사람에 한 뼘씩 가까워진다.

기억 의심하기

아침에 일어나 보니 엄마에게서 메시지가 와 있었다.

"사랑하는 딸. 엄마. 여행갔다. 올게. 다낭 오늘출발해서 11일에도착한다. 너가 전화해서. 안 받으면. 걱정할까봐 문자보낸다. 지금공항이니까. 전화하지말아. 잘다녀올게. 사랑한다."

6년 전 혼자된 엄마가 문자 하나 달랑 남기고 여행을 떠났다. 누구와 가는지, 어쩌다 해외로 며칠씩이나 다녀오게 됐는지 궁금했지만, 엄마는 좋게 말하면 깔끔하고 엄밀히 말하면 정 없는 성미답게 걱정도 연락도 말라는 말만 남긴 채 출발했다. 그제야 며칠 전 엄마가 보낸 뜬금없는 메시지의 비밀이 풀렸다. 일본 돈 만 엔과 100달러짜리 지폐 한 장이 담긴 사진을 보내며 돈의 국적을 물었던 것이다. 알려 주려고 통화하면서 갑자기 그게 왜 궁금했냐고 묻자 엄마는 정리하다가 발견했다고 답했다. 그때 눈치챘다면 용돈이라도 챙겨 드렸을 텐데 엄마는 그것마저 부담이 된 걸까? 홀로 조용히 여행을 준비하곤 '이때다!' 하며 비행기에 오르는 엄마가 보이는 듯했다. 맞춤법은 잔뜩 틀리고 띄어쓰기 대신 온점으로 범벅이 된 문자를 보고 있자니 칠십을 훌쩍 넘긴 엄마가 돋보기 너머로 한 자 한 자 꾹꾹 눌러 쓰는 모습이 눈에 선했다.

엄마가 다낭의 어느 거리를 걷는 동안 나는 엄마가 남긴 문자를 읽고 또 읽었다. 그때마다 한 문장 앞에서 자꾸만 마음이 시렸다. '사랑한다'는 말이었다. 얼굴을 맞대고 있을 땐 한 번도 듣지 못했던 그 말을 엄마는 늘 해 온 것처럼 능숙하게 남겼다.

네 글자에 담긴 엄마의 마음을 얼마나 의심했는지 모른다. 사랑받지 못하는 딸이라 여기게 만든 쓸쓸한 기억들이 나를 오래 괴롭혔기 때문이다. 엄마가 친히 보여 준 많은 증거를 세월 속에 흘려보내려 애쓸수록 의심은 단단해지기만 했다. 그런데 문자로 남긴 '사랑한다'는 네 글자가 그 마음을 파고들었다. 그 틈으로 생각 하나가 기다렸다는 듯 스며들었다. '어쩌면 나를 진짜 사랑했는지 몰라.'

어릴 때부터 오십을 넘긴 지금까지 엄마의 사랑을 믿지 못했다. 태어나면 자동으로 주어지는 줄 알았던 무조건적인 부모의 사랑에 나는 늘 목말랐다. 세 살 터울의 오빠에게 빼앗긴 사랑과 관심을 본능적으로 알아챈 나는 부모의 사랑을 받기 위해 애썼다. 누구도 챙겨 주지 않으니 내 일은 알아서 챙겨야 했다. 사랑을 받을 수 없다면 내 몫의 일을 잘 해내서 인정이라도 받아야 했다. 이따금 엄마가 내 아이들에게 "너희 엄마한테는 한 번도 잔소리한 적이 없어. 뭐든 알아서 잘 챙기고 자기 관리가 확실했어"라며 자랑 섞인 칭찬을 할 때도 전혀 반갑지 않았다. 누구도 챙겨 주지 않으니 어떻게든 스스로를 챙겨야 했던 어린 시절의 다급한 내 모습이 떠올라 씁쓸한 미소로 순간을 무마했다.

의심의 시작은 자라면서 들어온 어떤 이야기들이었다. 농담처럼, 우스운 이야기처럼 나를 스쳐 간 그 말들은 뾰족한 가시가 되어 머릿속에 박혔다. 첫 번째 가시는 아이가 바뀌었다는 친할머니의 억지였다. 조산원에서 태어난 오빠와 달리 나는 병원에서 태어났는데, 엄마의 시어머니이자 나의 할머니는 분명 아들이었다며 병원에서 아이가 바뀐 게 틀림없다고 억지를 부리셨다는 거다. 할머니는 영락없는 옛날 분이니까, 아들이 귀한 집이라 하나보단 둘이 좋다고 생각했을 테니 얼마간은 이해할 수 있었다. 하지만 그다음 이어진 엄마의 말은 나를 자꾸만 긁어 댔다. 나를 낳고 산후 조리할 때 내 쪽으론 돌아눕지도 않았다거나 품에 안고 젖을 물린 적이 없다는 말들이 그랬다.

엄마가 어떤 의도로 그랬는지, 만약 그것이 사실이라 해도 내게 왜 그런 이야기를 하는지 이해하기 어려웠다. 할머니에 대한 원망을 가벼운 농담처럼 드러내고 싶은 마음이었을까? 다만 확실한 건 그로 인해 나의 코어 메모리에 쓸쓸한 기억이 차곡차곡 쌓였다는 것이다. 엄마에게 그 이야기를 처음 들었을 땐 드러내놓고 그 상황을 물어볼 용기가 나지 않을 만큼 어렸고, 다 큰 뒤엔 엄마가 혹여나 상처받을까 염려될 만큼 철이 들었다. 그래서 그 이야기가 전한 충격인지 뭔지 모를 상처가 나를 할퀴게 내버려 두었고, 아물지 못한 상처는 거즈로 덮어두고 모른 체했다. 갓난쟁이한테는 온 우주였을 엄마에게 받아들여지지 못했다는 사실은 이후의 경험을 더욱 증폭된 아픔으로 남겼다. 바로 아들에게만 흐른 내리사랑이다.

어릴 땐 그게 당연하다고 생각했다. 내가 보기에도 오빠는 다소 허술한 아들이었으니, 부모님께는 아픈 손가락이었을 것이다. 그런 오빠를 더 챙기고 마음 쓰는 건 당연하다고 이해했다. 하지만 그렇다고 해서 여동생을 때리는 아들을 호되게 야단치지 않은 것까지 이해받을 수 있는 건 아니다. 장사하는 부모님은 집을 오래 비웠고 남매만 남은 집에서 약자는 나였다. 그 시간 동안 장난을 가장한 괴롭힘을 당하면서 집에 드나드는 오빠 친구에게 밥상을 차리고 온갖 심부름에 시달렸다. 시키는 대로 하지 않으면 오빠에게 자주 맞았다. 고작 초등학교 4~5학년의 내가 믿을 구석은 부모뿐. 엄마가 퇴근할 시간만 기다렸던 나는 소심한 복수랍시고 번번이 일렀다. 하지만 그러면 안 된다는 시시한 대답만 돌아왔고, 오빠는 달라지지 않았다. 내 성에 차는 꾸중과 적극적인 차단 대신 오빠의 짓궂은 보복이 돌아오자 제풀에 지친 나는 고자질을 멈췄다. 그때부터였을까? 다리 밑에서 주워 왔다는 아빠의 말이 어쩌면 농담이 아닐지 모른다는 불안이 시작됐다. 게다가 나는 돌사진까지 없었다. 돌이 되기 전 백일해에 걸려 생사의 갈림길에 섰을 정도로 오래 아팠던 탓에 돌 사진도 없는 어린이가 되었다. 그래서 다리 밑에서 주워 왔단 아빠의 농담에 자주 마음이 덜컹거렸다.

어린 시절의 치기 어린 의심이라면 차라리 나았을까? 차곡차곡 쌓인 억울함과 오빠를 향한 부모님의 외사랑, 무엇으로도 채울 수 없는 무조건적인 사랑에 대한 갈구, 나를 괴롭힌 오빠에 대한 분노는 몽땅 부모님에게, 정확히 말하면 엄마에게 화살이 되어 날아갔다. 다정한 아빠가 돌아가신 뒤에 남은 끝없는 그리움이 아빠를 향한 소소한 서운함을 몰아낸 까닭이었다. 그래서, 그러므로, 나는 사랑 없는 사람이 되었다. 받은 사랑이 턱없이 부족해서 나눠 줄 사랑이 없었다. 안타깝게도 엄마는 당신의 차가운 성격을 나에게 고스란히 물려주었고, 그것은 엄마를 이해할 수 있는 계기가 되기보단 엄마에게 내 존재가 어땠을지 실감하게 만드는 근거가 됐다.

존재 자체에 대한 의심으로 늘 흔들렸지만 무사히(?) 학창 시절을 마친 나는 그 결핍을 다른 사랑으로 채우려 했다. 한 번도 누군가에게 첫 번째가 되지 못했으니 나를 첫 번째로 사랑해 줄 누군가를 찾아 헤맸다. 어떤 짓을 해도 나를 받아 줄, 받아 줄 수밖에 없는 상대를 찾았다. 그런 미성숙한 연애는 당연히 상처를 남겼다.

무엇으로도 대신할 수 없는 부모 사랑의 빈 구멍을 느낄 때마다 그것을 주지 않은 엄마에게 이유를 묻고 싶었다. 엄마와 사이가 좋지 않던 딸들도 엄마가 되고 나면 자신의 엄마를 이해하고 더욱 사랑하게 된다던데, 나에게 그런 이해는 판타지 같았다. 결혼 후 아이를 낳아 기르면서 나는 엄마를 더욱 이해할 수 없었다. 이렇게 귀하고 예뻐서 한시도 눈을 뗄 수 없는데 엄마는 어떻게 나를 눕혀 놓고 뒤돌아 버렸을까? 어떻게 안아 주지도 않고 멀찌감치 앉아 분유병만 물렸을까? 내 아이를 품에 안고 눈을 맞추며 젖을 물릴 때면 사무치게 외로웠다. 따스한 온기가 고픈 딸의 마음과 도움을 호소하던 목소리를 가볍게 보아 넘긴 엄마의 마음이 가늠되지 않았다.

그렇다고 지금 와 상처를 꺼내기엔 엄마와의 유대감이 단단하지 못했다. 수면 위로 끌어올렸다가는 도리어 덧날 것만 같아서 감춰 둔 상처를 스스로 보듬으려 몸부림쳤다. 자연스레 심리학에 관심을 갖게 됐고 뒤늦은 공부를 하면서 유아기 애착 관계에 몰두했다. 특히나 보드라운 털을 찾아가는 '볼비'의 실험 속 새끼 원숭이가 나 같아서 눈을 떼지 못했다. 아무리 더듬어도 보드랍고 따스한 품은 만져지지 않고 차가운 철사뿐이었을 유년의 기억이 지나치게 예민하고 자주 불안해하는 지금의 나를 만든 건 아닐까?

안심은 너무 멀고 구멍 난 애착은 너무 가까운 탓에 타인의 사랑을 자주 의심하는 어른이 됐다. 조건 없이 주는 사랑에 담긴 완벽한 안심을 누리지 못하고 받은 사랑을 헤아리는 것에만 익숙해졌다. 그럴수록 나는, 이기적인 사람이 되어갔고 마음은 점점 더 인색해졌다. 그렇게 딱딱해지는 나를 볼 때마다, 그런 내가 마음에 들지 않을 때마다, 모든 것이 다 엄마 탓 같았다. 왜 나를 이렇게 만들었느냐고 따져 묻고 싶었다. 허물없이 손을 꼭 잡거나 팔짱을 끼고 걷는 모녀를 보면 부럽다가도 엄마와 나의 모습을 상상하면 바로 어색해지곤 했다. 부모에게서 배우지 못한 친밀한 관계는 타인과의 관계에서도 보이지 않는 '선'을 만들어서 누구든, 언제든 그 선을 넘으려는 낌새가 보이면 나도 모르게 거리를 두었다. 충분히 사랑받았다는 안도감 위에서 스스로를 자연스레 느끼고 타인과 부담 없이 가까워지는 경험의 부재는 생각보다 큰 결핍으로 남았다.

얼마 전 김소연 시인의 산문 『어금니 깨물기』를 읽었다.

아름다운 문장에 이끌리듯 집어 든 그 책에는 엄마와 딸 사이의 모순된 감정에 얽힌 사연이 가득했다. 표지에는 작가와 작가의 어머니가 함께 찍은 옛 사진이 실려 있었다. 작가의 어머니와 어린 김소연 시인이 껴안듯 붙어 앉은 모습이었다. 그 사진을 보자 엄마와 단둘이 찍은 사진 한 장이 떠올랐다. 세 살쯤이었을까? 잔디밭 위에 앉은 엄마와 나를 담은 사진이었다. 내 기억에 그 사진 속 엄마와 나는 멀찌감치 떨어져 앉았던 것 같다. 민소매 원피스를 입은 엄마의 모습은 젊고 풍성했으며 나는 작은 단풍잎 같은 손으로 들풀 하나를 든 채 희미하게 웃고 있었던 것 같다. '우리는 역시 그때도 멀었구나.' 김소연 시인의 다정한 모녀 사진에 또 한 번 마음이 시큰거렸다. 문득 그 사진이 보고 싶었다. 내 기억을 확인하고 싶었다. 사진첩을 들추고 사진을 모아 둔 상자도 찾아봤지만 어디에도 그 사진은 없었다. 흔치 않은 우리 모녀의 투샷이라 어딘가에 잘 모셔 둔 모양인데 그런 것들은 이상하게 더 꽁꽁 숨어 버리곤 한다. 한참을 찾다가 이제 와서 확인한들 무엇이 달라지나 싶어서 그만두었다. 그리고 잊었다.

엊그제 아빠의 기일을 맞아 아빠에게 받은 편지를 모아 둔 함을 열어 봤다. 아빠는 해외여행을 가면 나에게 엽서를 보내곤 했다. 그 덕분에 이국적인 풍경에 담긴 아빠의 글씨는 다정한 유산처럼 남았다. 아빠가 찾아 보낸 네잎클로버도 코팅지에 싸여 여전히 반짝거렸다. 그리고 그 너머에 그렇게나 찾던 엄마와 찍은 사진이 빼꼼히 보였다. 반가운 마음에 얼른 집어 들었다가 이내 놀랐다. 사진 속 엄마와 나는 바짝 붙어 앉아 있었다.

부모가 아무리 노력한다 해도 부모는 짐작할 수 없는 이유로 자녀는 부모를 용서하지 않는다는 글을 읽은 적이 있다. 나 역시 그랬는지도 모른다. 기억이란 의도치 않게 왜곡되거나 편집되기도 한다는데 나 역시 내 맘대로 믿어 버린 건 아닌지 의문이 생겼다. 내가 기억한 우리 사이의 거리도 스스로 만들어 낸 허상이었을까? 어쩌면 그날 남긴 문자처럼, 엄마는 나를 정말 사랑해 왔는지 모른다. 정작 엄마를 사랑하지 못한 건 나였는지도.

때때로 내 기억을 의심해 본다. 그리고 지금 눈에 보이는 것 그대로를 믿어 본다. 기억의 연약함을 인정하고 어떤 기억을 품고 살지 결정하는 것은 사랑의 퍼즐을 제대로 맞추는 첫걸음일지 모른다. 엄마와 나 사이의 밀착을 확인한 그날, 사랑한다는 엄마의 문자가 비로소 온전히 다가왔다. 기억을 의심하고서야 엄마의 사랑을 믿게 됐다.

레오타드보다 발레 슈즈

"이번에 프로필 촬영하시는 분은 포인트슈즈 준비해 주세요."

수업 말미에 선생님이 말씀하셨다. 얼마 전 신청 안내 문자를 받았던 것이 그제야 기억났다. 몇 년 전부터 운동하는 사람들 사이에서 바디 프로필 촬영이 유행이다. 식단을 관리하면서 체지방을 줄이고 근육량은 늘려서 가장 건강하고 멋진 모습을 기념으로 남기는 이들이 많아졌다. 그 유행은 발레에도 옮겨 왔고 나 역시 SNS를 통해 다른 이의 발레 프로필 사진을 많이 보았다. 명암 속에서 부각된 그들의 잔근육은 아름다웠고 완벽하게 구현된 포즈와 둥글게 솟은 발등, 유려한 발의 아치는 취미 발레인이라기엔 믿기지 않을 만큼 근사했다.

발레를 시작하고도 그런 촬영은 남의 이야기라고만 생각했다. 지지부진한 내 실력을 잘 아는 터라 프로필 촬영 문자를 받고는 할까 말까 잠깐도 고민하지 않았다. 이런 나와 달리 함께 수업하는 몇 분은 신청한 모양이었다. 프로필 촬영까지 남은 3개월 동안 흔히 토슈즈라고 불리는 포인트슈즈 수업을 병행한다고 했다. 신청한 메이트들은 앞으로 더 자주, 강도 높은 수업을 해야 한다며 입으로는 앓는 소리를 했지만 들뜬 마음과 설렘을 숨기지 못했다. 가뜩이나 차이 나는 실력이 앞으로 더 벌어질 걸 생각하니 이러다 같이 수업 못하는 거 아닌가 싶어 살짝 걱정됐다. 이참에 나도 도전해 볼 걸 그랬나 하는 후회도 잠시 들었던 것 같다. 그러나 천으로 된 부드러운 발레 슈즈를 신고 하는 한 발 파세도 금방 무너지는 실력이라 역시 아직은 무리라고 인정할 수밖에 없었다. 게다가 프로필 촬영은 발가락만으로 서는 딱딱한 포인트슈즈를 신어야 하니 내가 감당할 수 없을 게 뻔했다. 그럼에도 발레 메이트들이 포인트슈즈를 신고 수업하는 영상을 볼 때면 부러웠다. 슈즈 하나 바꿔 신었을 뿐인데 기본 동작도 훨씬 근사하게 보였고 발끝으로 자연스럽게 서는 그들을 볼 때면 실력이 쑥쑥 느는 게 느껴졌다. 새틴 리본으로 감싼 그들의 발목과 포인트슈즈는 어찌나 예쁘던지.

발레를 처음 시작할 때 준비물은 발레 슈즈 딱 하나였다. 옷은 무엇을 입어도 상관없지만 발레 슈즈는 필수였다. 이따금 요가 양말을 신고 오는 이들이 있으면 잔소리라곤 전혀 하지 않는 선생님도 슈즈 구입을 강조했다. 발가락을 많이 써야 하고 점프하거나 발이 포개지는 자세가 많다 보니 부상 위험이 잦기 때문이다. 나도 첫 수업이 끝난 뒤 발레 슈즈부터 구입했다. 캔버스 천으로 된 슈즈는 부드럽게 발을 감싸 줬고 바닥엔 도톰한 가죽이 붙어 있어서 충분히 발을 보호해 주었다. 그 슈즈를 1년 6개월 넘게 잘 신었는데 얼마 전 발볼을 조절해 주는 끈이 풀리면서 슈즈가 헐렁해졌다. 새 걸 사기엔 슈즈가 너무 멀쩡해서 안으로 말려들어 간 끈을 끄집어내려

했지만 이리저리 당길수록 점점 늘어나서 어쩔 수 없이 새로 구입해야 했다.

이번엔 메이트들의 슈즈 사용 후기를 참고해서 정하려고 추천 모델을 물어봤다. 그러다 새로운 사실을 알게 됐다. 그들은 벌써 두세 번이나 발레 슈즈를 교체했다는 것이었다. 나와 비슷한 시기에 시작한 이들인데 그랬다. 그것도 나처럼 끈이 풀려서가 아니라 바닥에 구멍이 나서 그랬다고 하는 게 아닌가. 그에 비하면 1년 반이나 신은 내 천 슈즈는 너무 멀쩡했다. 아무리 횟수가 적고 수업 시간이 짧다 해도 롱드잠발끝으로 바닥에 원을 그리는 동작 같은 동작을 제대로 연습했다면 다른 발레 메이트들처럼 엄지발가락 끝부분에 구멍이 나고도 남을 시간이었다. 하지만 내 슈즈는 바닥만 까매졌을 뿐 너무 신을 만했다.

연습량이 많은 발레리나들은 딱딱한 포인트슈즈도 금방 낡아서 한 달에 두 켤레나 갈아 준다던데 내가 발레리나는 아니라 해도 1년 이상을 쓴 천 슈즈가 너무 멀쩡하다는 건 좀 생각해 봐야 했다. 발 하나 걸친다는 마음의 여유 덕분에 발레를 시작할 수 있었으나 수업 시간만이라도 제대로 된 자세로 임했다면 슈즈에 고스란히 그 흔적이 남았을 것이다. 오래 하기 위해 악착같은 마음을 버렸지만 그렇다고 대충 시간 때우는 식은 곤란했다.

그러면서 프로필 사진을 찍는 메이트들의 포인트슈즈와 색다른 경험을 부러워했다. 그제야 다른 이들의 유연한 팔과 다리, 더 높게 올라가는 발끝과 단단한 배가 눈에 들어왔다. 가늘고 길게 자리 잡은 허벅지 근육과 견갑골을 감싸고 내려오는 등 근육은 하루아침에 생긴 것이 아니었다. 움직일 때마다 아름답게 꿈틀거리는 근육은 어떤 레오타드나 포인트슈즈보다 춤추는 이를 무용수답게 만든다. 겉을 아름답게 가꾸는 것도 중요하지만 작은 동작 하나라도 정확하게 표현하는 몸이 먼저였다. 어떤 자세든 해낼 수 있는 속근육이야말로 발레의 '기본'이자 '본질'이었다. 그건 쉽게 가질 수도, 당장 따라갈 수도 없어서 더 부러운 것이었다. 그러니 만약 꼭 욕심을 내야 한다면 레오타드나 포인트슈즈가 아니라 춤추는 몸 자체에 대한 것이어야 했다.

발레를 통해 얻고 싶은 것은 무엇이었나? 다시 질문해 본다. 오랜 꿈을 이루는 것 못지않게 모르는 분야를 배우고 기초로 돌아가 도전하는 마음이 중요했다. 그게 답이었다. 그런데 조금 알게 됐다 싶으니 괜한 욕심이 비집고 들어왔다. 쉽게 갖출 수 있는 장비로 부족한 나의 기초를 가리고 싶었다. 바르게 선 기본자세나 턴 아웃의 완성, 골반의 움직임은 바꿔 가기에 너무 힘들고 아직도 한참 먼 것 같으니까 쉬운 방법을 찾은 것이다. 지금 나에게 필요한 건 프로필 사진을 뽐내기보다 기본을 단단히 세워 가는 것이며 포인트슈즈 반을 기웃거릴 것이 아니라 발레 슈즈가 닳도록 한 동작 한 동작에 집중해야 한다는 것을 잊고 있었다.

나에게 발레는 브라캡을 빼고 속옷 없이 입는 레오타드에 익숙해지듯 나를 둘러싼 군더더기를 덜어내는 과정이다. 잘하는 것처럼 보이는 것이 아니라 한 동작이라도 제대로 하기 위해 기본을 다져 가는 여정이다. 본질이 흐려져 화려한 뭔가가 눈앞을 가릴 땐 구멍 난 타이즈와 늘어난 레오타드 차림으로 정확하면서 흐트러짐 없게 아다지오를 해내는 발레리나들을 떠올리기로 했다. 돈으로 살 수 없는 그런 아름다움이야말로 내가 진정 원하던 것이었으니 말이다.

나는 왜 부끄러우면 안 되는가

살면서 경험한 많은 것들은 처음만 어려웠을 뿐 일정 시간이 지나면 익숙한 시간이 찾아왔다. 그것이 일이라면 다음 진행이 예측 가능해졌고, 운동이라면 숨 쉴 틈이 더 길게 주어졌으며, 공부가 필요한 것이라면 그간의 배경지식 덕분에 좀 더 쉽게 내 것으로 만들 수 있었다. 탁월한 경지까지 오른 것은 없지만 쏟은 노력만큼은 소소한 실력으로 나의 구석 어딘가에 남았다. 그런데 발레는 그게 좀처럼 쉽지 않다. 시작한 지 2년 가까이 됐는데도 매 시간이 처음 같고 할 때마다 어렵다.

레벨 1에 더하기 표시 하나 붙인 1+ 클래스로 반 단계만 살짝 올렸을 때도 체력이 달려서 엄청 버거웠다. 순서 틀리는 건 기본이고 따라잡기 힘든 동작의 속도 때문에 선생님 눈을 피해 살짝씩 대충하기도 했다. 그렇게 수업 시간마다 버텨도 버겁고 힘든 건 좀처럼 익숙해지지 않아서 발레는 원래 이런 건가 보다 생각하기로 했다.

그러던 어느 날 내 관심사를 반영해 주는 알고리즘의 추천으로 인스타그램 피드 하나를 보게 됐다. 발레 수업 영상이었다. 언제부턴가 발레 관련 영상이나 발레복 피드가 자주 떠서 대부분이 새로울 것 없는 정보였는데, 그날 만난 영상 속 사람들의 모습에는 조금 놀랐다. 취미 발레를 한다는 이들이 진짜 '춤'을 추는 걸 처음 본 것 같았다. 작품반 수업이 아닌데도 그들은 발레리나처럼 플로워를 가로지르며 자유롭게 춤추고 있었다. 숨길 수 없이 드러나는 탄탄한 기본기와 유연한 팔다리로 수행하는 점프와 턴을 보며 입이 쩍 벌어졌다. 얼마나 오래 했길래 이런 동작이 가능한 걸까? 궁금해서 찾아보니 수업 레벨은 1+1.5로, 발레를 1년 이상했다면 참석 가능한 수업이었다.

마침 그 학원은 우리 동네에서 멀지 않았고, 심지어 1회 쿠폰으로 체험 수업도 할 수 있었다. 영상 속 그들처럼 자유롭게 춤추고 싶었으나 내 실력으론 무리라는 걸 잘 알아서 일단 레벨 1로 단계를 낮춰서 신청했다. 그런데 막상 참여해 보니 레벨 1단계는 약간 아쉬웠다. 양손 바 워크나 센터 워크의 난이도가 살짝 낮았고 시간도 20분 정도 짧아져서 뭔가 하다가 만 느낌이 들었다. 1년 전만 해도 50분 수업에 허덕이던 내가 이렇게 달라졌다. 꾸준히 하다 보니 이런 날도 만난다.

'할 만해졌다'는 느낌에 의기양양해진 나는 영상으로 본 그 수업을 신청했다. 어떤 수업일지 궁금했고, 그들의 춤을 볼 수 있을 거란 생각에 무척 기대됐다. 설레는 마음은 플로워에 들어서자 자못 비장한 마음으로 바뀌었다.

그 시간에 모인 이들은 수업 전에 워밍업 하는 몸짓부터 범상치 않았다. 표정부터 어찌나 진지한지, 단숨에 주눅이 들었다. 그 마음 때문인지 바 워크 쥬떼 순서부터 엉키기 시작하더니 센터 워크 때는 거의 따라 하지 못했다. 바 워크는 거울 속 자신만 보기 때문에 다른 사람의 실수는 못 보고 지나칠 수 있지만 센터 워크는 두 명씩 플로워 중앙에서 하는 거라서 나의 엉거주춤을 숨길 도리가 없었다. 무대 위의 발레리나처럼 여유로운 표정으로 아름다운 점프와 턴을 보여 주는 이들 바로 다음에 중앙에 나서면 머릿속은 새하얘졌다. 덩실덩실 엉거주춤 흉내를 내고 난 뒤에는 이제껏 느껴 본 적 없는 창피함이 몰려와 가루가 되어 사라지고 싶었다. 아, 어쩌자고 나는 이 수업에 덜컥 온 것인가. 아니, 1과 1.5 사이라면서 이 수업은 어째 이렇게 갑자기 어려워지는가. 수없는 후회와 쓸데없는 원망을 오가는 사이 어김없이 내 차례가 왔고 흉내 내듯 간신히 마치고 난 뒤엔 고개를 푹 숙이고 들어갔다. 센터 워크는 시퀀스가 진행되면서 점점 어려워졌고 나는 점점 더 형편없어졌다. 결국 멀뚱멀뚱 서 있다시피 하고 들어올 때는 참담한 심정에 휩싸였다. 이 순간이 어서 지나길 바라며 눈을 질끈 감았다. 그런데 그 순간 어떤 생각 하나가 스쳐 지났다.

'나는 왜 창피하면 안 되나?'

부끄럽지 않기 위해, 창피함을 피하기 위해 뭐든 빨리 배우려 노력했다. 잘하려고 애썼다. 칭찬받고 싶어서 무리했다. 나는 왜 그토록 그 감정을 두려워했나. 피하기 위해 발버둥쳤나. 지금 내 눈앞에서 아름답게 춤추는 저들도 나와 같은 시간을 거쳐 지금에 이르렀을 텐데 나는 왜 나의 부족함을 이토록 참지 못하는가.

그 마음을 오래 들여다보고서야 인정받고 칭찬받고 싶은 욕구에 매달리는 나를 알아차렸다. 뭐든 잘한다는 얘기를 들어야 직성이 풀려서 남보다 부족한 것이 들통 날 것 같으면 시도조차 하지 않았던 나를 떠올렸다. 부정적인 감정을 감당하지 못할 거라 지레 짐작하며 그걸 마주할 기회조차 허락하지 않았다. 당연히 나는 그런 감정에 더 취약한 사람이 되어갔다. 잘할 수 있는 것만 하면서 나는 뭐든 얼추 하는 사람이란 착각에 빠져 살았다.

감정도 근육처럼 단련해야 한다는 걸 몰랐다. 안전한 영역에서, 내가 감당할 수 있는 정도의 무겁고 힘겨운 감정을 소화해 내는 능력을 키웠어야 했다. 나는 소심한 사람이라 상처받기 쉽다며 세상의 자극을 점점 줄여 나가는 건 나를 보호한다는 핑계 뒤에 숨은 회피였다.

나는 왜 불쾌하면 안 되는가. 나는 왜 창피하면 안 되는가. 나는 왜 상처받으면 안 되는가. 안 된다는 감정에 속아서 핵심을 자주 잊었다. 중요한 건 그 감정을 만났을 때 나를 원래대로 돌려놓는 마음의 힘을 키워 가는 것이었다. 몰려오는 부끄러움에 눈을 질끈 감은 그날, 당분간 이 수업에 더 참여해 보기로 마음먹었다. '발레'라면 창피함에 익숙해질 기회가 되기에 충분했다.

이따금 멈춰야 한다

미션 깨부수듯 졸업, 취업, 결혼, 출산, 육아라는 사회의 알람에 응답하며 살았다. 숨 가쁘게 달리다 보니 어느새 오십. 요즘은 백세 시대라고 하니 내 나이는 이제 막 인생의 반환점을 지나, 왔던 자리로 되돌아가는 길에 접어든 셈이다.

분주했던 인생의 반을 지나 이제야 나만의 시간과 함께 적당한 자유를 손에 쥐었다. 그러나 그 해방감도 잠시, 어느 순간 둘러보니 아이들은 품을 떠났고 일은 끊겼고 여기저기 삐걱거리는 몸뚱이와 흐릿한 시력, 내 편인 듯 내 편 아닌

남편만 남아 있었다. 품 안에서 꼬물거리던 나의 아이들, 엄마가 전부였던 아이들의 사랑 속에 젊은 엄마였던 나는 얼마나 건강했던가. 깊은 숙면으로 완벽한 충전에 성공한 밤, 어디 하나 아프지 않고 깨어난 아침도 더 이상 내 것일 수 없었다. 나의 일에서 성취를 얻으며 능력과 보람을 확인하던 숱한 날들, 금방이라도 깨질 것처럼 싸우다가도 위기 앞에선 한마음으로 가정을 일구던 남편과의 호흡…, 그 모든 순간은 이제 지나간 과거가 됐다. 하루가 30시간쯤 되면 좋겠다며 나만의 시간을 간절히 바라던 나는 어디 갔는지. 불과 2~3년 사이 확 달라진 건강과 매일 주어지는 시간이 버겁게 다가왔다.

24시간을 촘촘하게 채워 살던 그땐 모든 것에 자신만만했다. 바쁘다는 말을 입버릇처럼 내뱉었고 10분 단위로 시간표를 짜서 오전엔 집안일하고 아이들 돌보고 오후는 독서수업으로 빡빡한 일정을 소화했다. 생산적인 일을 해낸다는 자부심이 나를 지치지 않게 했다. 일한 만큼 주어지는 금전적 보상은 소박하지만 달콤했다. 기분 좋은 긴장은 아플 틈을 주지 않았고 건강도 따라 주는 나이였다. 우리나라의 모든 연령

대에서 죽을 때까지 고민한다는 세 가지 키워드 '시간, 돈, 나이'가 모두 내 편이었다. 크게 누리는 건 없어도 아쉬울 것 없는 일상이었다.

나의 충만 앞에 다른 이의 아쉬움은 너무 멀었다. 지인들이 답답한 감정을 나눌 때면 고개를 끄덕이고 입으론 공감을 내뱉으면서도 마음 한구석에선 그들을 누르는 막막함과 좌절의 원인을 그들에게서 찾곤 했다. 남아도는 시간을 어쩌지 못하고 쓸데없는 생각에 잠기는 호사를 누린다고 생각한 적도 있다. 부끄럽지만 그랬다. 차가운 머리와 따뜻한 가슴을 바라면서도 차가운 가슴으로 냉정하게 그들을 재단했다. 마음만 먹으면 뭐든 가능하다고 생각했다. 노력하면 그만큼의 결과가 돌아오는 시기였다.

이랬던 내 삶에 '일단 멈춤'이 찾아왔다. 내가 원해서 불러들인 멈춤이 아니었다. 예고 없이 일어난 사고가 나를 멈춰 세웠다. 나의 일상을 채우던 일과 만남은 물론이고 내 입에 들어가는 밥 한 끼 챙기기도 어려운 시간이 찾아왔다. 마음먹은 대로 움직여지지 않는 몸과 끝도 없이 가라앉는 마음을 보며 모든 것에 자신만만했던 내가 떠올랐다. 멈춰 선 지금, 나를 깊숙이 응시해야 할 시간이라는 걸 알았다.

딱딱하게 굳은 근육만큼이나 완고해진 나의 자아가 보였다. 부끄러운 자기애와 미성숙한 인격이 비로소 눈에 들어왔다. 타인의 아픔과 상처 앞에 초연하면서 내 작은 상실과 손톱 위의 거스러미엔 호들갑을 떠는 사람이 나였다. 고작 이 정도 사람이라는 생각에 어쩔 수 없이 실망했다. 내 일상의 평온은 혼자서 만들어 낸 것이 아니라는 걸, 인연을 맺은 모든 이에게 신세를 지고 있었다는 걸 오십에서야 제대로 알게 됐다.

갑작스런 사고가 아니었다면 나는 멈출 생각을 못했을 것이다. 여전히 시간에 쫓겨 가며 살던 대로 살았을 것이다. 나를 둘러싼 역할에 전념하고 나보다 타인의 시선을 의식하며 나도 모르게 외부 평가를 우선에 두었을 것이다. 멈춰 서고서야 당연하게 여겨 온 것들이 당연하지 않았음을 깨닫게 됐다. 아파 보고서야 아픈 이의 심정을 이해하고 일 뒤로 물러선 뒤에야 일에서 멀어진 이들의 갑갑함을 알게 됐다. 세상에 공짜는 없는 법. 멈춰 선 지금, 내달리는 동안 놓쳐 버린 나무와 꽃을 발견하고 미처 살피지 못한 지인의 마음을 들여다본다. 내 앞에 다가오는 것들이 뿌옇게 바랜 흑백사진 같더라도 담담히 겪어 낼 마음밭을 일궈 놓는다.

멈춰야만 찬찬히 살필 수 있다. 마음이 번잡하다면, 방향이 모호하다면, 모든 것이 수포로 돌아간 것 같다면 잠시 멈춰야 할 때다. 멈춰야 계속할 수 있다.

나이 듦은 감정이라는 말을 기억하며
오늘 맞이한 행운에 집중하기로 한다.

에필로그

발레가
바꿔 놓은
것들

누구나 가슴 속에 버킷리스트 하나쯤 품고 산다. 그건 나도 마찬가지라서 누가 물어보면 몇 가지는 자판기 음료수처럼 바로 나온다. 작정하고 적어 본 적은 없지만 그중 제일 위에 놓일 것이 분명한 목록 하나를 지우는 마음으로 발레를 시작했다.

이후 어느새 2년 가까운 시간이 흘렀다. 가장 오래 머뭇거렸던 그 시작은 일상에 자리를 잡았고, 곧 다른 용기와 시도를 가져왔다. 나와 데이트하는 마음으로 혼자만의 하루 여행을 떠나 보고, 언제 어떻게 다가올지 모를 기회를 위해 영어 공부를 시작했으며, 가장 좋은 것을 나누는 마음으로 꽃을 선물하고, 다른 이의 보살핌을 기다리기보다 내가 나를 대접하고 돌보는 소소한 행복을 일상의 곳곳에 배치했다.

경제학자 오마에 겐이치는 인간을 바꾸는 방법은 세 가지뿐으로 시간을 달리 쓰는 것, 사는 곳을 바꾸는 것, 새로운 사람을 사귀는 것이라고 했다. 이 방법들이 아니면 인간은 바뀌지 않으며 '새로운 결심을 하는 것'은 가장 무의미한 행위라고도 했다. 결심의 나약함을 꼬집는 그의 말이 아니어도 작은 습관 하나 바꾸는 게 얼마나 어려운지 우리는 안다. 멀리 갈 것도 없다. 나부터가 살던 대로 사는 게 편하다. 습관처럼 나이 핑계를 대며 게으름 뒤에 숨고 삶을 가꾸는 작은 변화는 나 몰라라 한다. 언제든 그만둘 핑계를 놓치지 않으려고 어지간히 애쓰지 않는가.

달라지겠다며 새로운 마음으로 다짐해도 풀이 죽고 힘이 빠질 때가 온다. 그럴 땐 나의 마지막 순간을 상상해 본다. 그러면 이런 나로 죽을 수 없다는 아찔함이 몰려온다. 너무 이르지도, 너무 늦지도 않은 나이에 오래 아프지 않고 죽음을 맞이한다면 그 또한 행운이라 생각한다. '이만하면 행복한 삶이었다'며 그 순간을 상상해 보지만 시도하지 못한 채 미련으로 남은 것들이 떠오를 때면 어김없이 아쉽다. 사 놓고 읽지 못한 책, 동경했지만 가 보지 못한 세상의 많은 곳들, 머뭇대다 놓쳐 버린 수많은 기회들. 지금껏 살면서 내가 마주한 죽음의 주인공들을 생각하면 죽음에 대한 두려움보다 언제 들이닥쳐도 아쉬움이 덜한 삶에 대한 소망이 커진다. 부족한 나에게 베풀어 준 그들의 사랑과 배려, 함께 나눈 미소와 격려를 떠올리면 언젠가 닿게 될 그들과의 만남을 준비하는 마음이 된다. 삶에 지지 말라고, 하고 싶은 것 맘껏 하라고, 무엇 하나 가져갈 수 없으니 인색하지 말라고, 다음은 없으니 지금 다정하라고. 하늘에 먼저 둥지를 튼 그들이 나에게 전하는 마지막 목소리를 기억하지 않을 도리가 없다.

그 목소리에 대답하는 심정으로 글쓰기를 이어 갔다. 기다리는 사람도, 마감도 없는 글쓰기는 나를 자주 지치게 했지만 그것이 있어서 아픈 동안 이어진 긴 침잠의 시간을 견딜 수 있었다.

동화를 쓰겠다며 작가 교실에 다닌 적이 있다. 그때 들은 어떤 말은 이후에 글을 쓰는 내내 나를 붙들어 주었다. 완벽하게 기억나지 않지만 "좋은 문장, 멋진 캐릭터, 탄탄한 플롯도 중요하지만 더 강한 것은 글에 들어 있는 에너지다"라는 의미의 문장이었다.

여기 모인 글을 쓰는 동안 그 말을 계속 떠올렸다. 다른 작가들의 수려한 문장에 기죽고, 너무 평범한 것 같은 나의 이야기에 주눅 들 때마다 내 안의 진심과 에너지를 똘똘 뭉쳐서 한 꼭지 한 꼭지에 담으려 애썼다. 내가 할 수 있는 건 그것뿐이었다. 재능도 시간도 내 편이 아니라서 그 에너지가 이 글을 이끌어 주길 바랐다. 그것이 독자의 마음을 흔들어서 물리적 시간적 공간을 넘어 마침내 '공감'이라는 하나의 지점에서 나와 만날 수 있길 소망했다. 그것에 성공했는지는 잘 모르겠다. 어쩌면 영원히 알 수 없을지 모른다. 그럼에도 여기까지 읽어 준 당신 덕분에 앞으로도 내 글을 이어 갈 충분한 이유를 발견한다. 발레가 전해 준 깨달음은 이번에도 유효하다. 꼭 무엇이 되지 않아도, 누구 하나 알아주지 않는 결과라해도 시작하고 이어 가는 과정 속에서 나는 이미 많은 것을 얻는다. 실패를 두려워하지 않는 마음과 삶을 원하는 대로 꾸려 간다는 자긍심은 그것만으로 충분한 의미가 됐다.

글을 향한 노력과 기다림이 길었다. 그것이 나만 아는 헛된 시간으로 남지 않게 길을 열어 준 꿈꾸는인생에 큰 감사를 전하고 싶다. 출판사와 인연이 닿을 수 있도록 나도 모르는 사이 열심히 일해 준 내 첫 책과, 뭘 몰라서 책 만들기에 덤벼들었던 2019년도의 나에게도 애틋한 감사를 전하고 싶다. 너무 당연한 말이지만 가족과 친구들의 배려와 응원이 아니었다면 이 글을 쓰는 지금의 나는 없었을 것이다. 사랑을 가르쳐 준 아빠, 그리고 오랜 글벗 동희 씨를 향한 감사와 그리움을 하늘에 전한다. 끝으로 나의 지혜로는 측량 못할 계획을 품고 이끄신 주님의 은혜에 온 마음 다한 감사와 영광을 돌린다.

어떤 꿈은 끝내 사라지지 않고

초판 1쇄 인쇄 2023년 12월 10일
초판 1쇄 발행 2023년 12월 25일

글 정희
펴낸이 홍지애
펴낸곳 꿈꾸는인생
주소 서울 마포구 월드컵북로 400 2층
전화 070-4046-2371
팩스 02-6008-4874
이메일 lifewithdream@naver.com

ISBN 979-11-91018-26-4 (03180)